十力
文化

國考館

第二版

圖解
民法總則
國家考試的第一本書

法學博士
錢世傑 ── 著

本書設計理念

● 先抓重點、體系，再解說基本內容

　　首先，本書會幫學生抓出章節的重點與體系位置，有了重點與體系，學到的知識才不會亂塞，如同整理完自己的房間一樣整齊有次序，想要從中找出學過的知識就簡單許多。接著，再介紹一些基本觀念，運用人物的對談方式，將基本概念、常見的錯誤法律觀念一一分析給讀者知悉。

● 蘇格拉底的對談式教學

　　這本書的特色是運用蘇格拉底的「對談式」教學法來呈現，透過問題引出答案，答案再衍生問題，調整讀者的思考模式，輕鬆導入法律體系。再結合許多記憶的技巧，讓學員可以快速地將條文的重點與條號記憶起來。

● 選擇題深植記憶、申論題強化答題技巧

　　本書從歷年考古題中精挑細選一些基本或有趣的選擇題，讓讀者能從選擇題中更清楚各章節的法律觀念。當然，除了選擇題還有申論題；本書再把歷年曾經出現過的申論實例題進行解題與分析，讓學生理解如何撰寫申論題。

　　目前國內市場有許多優質的申論解題書，但也有許多的缺點，例如解題的字數過多、解題內容錯誤、未能充分解說。本書則希望能改變這些過去解題書的缺點，透過對談式的教學，生動描繪出一般考生剛開始遇到的困境，再由教授教導書中考生發現自己的缺點，知道為什麼寫不好，該如何改善答題技巧，藉此提高自己在考試中的分數。

教授會怎麼教我學習民法總則呢？

我會以當事人、意思表示、標的當作核心來分類，以這三點作為中心出發點，逐步往外延伸，並探討「一般生效要件」，如當事人的行為能力，意思表示需健全無瑕疵，標的的可能、確定、適法、妥當。
本書將從這三個核心內容開始慢慢擴散。

對話式的學習讓你迅速抓住重點。

 那可以告訴我該如何建立體系嗎？

請先畫下「當事人」、「意思表示」、「標的」。

 就這麼簡單？

圖解＋記憶法＋精選考題，讓你輕鬆記住不容易忘掉。加上申論神器的三段式論述法，幫助你成功跨進國家考試的大門。

是的，我是套用心智圖的概念來畫，並將這三項當作民法的核心。

目 錄
CONTENTS

1 準備考試的正確概念

● 可不可以不要記法條條號？

　　如果參加國家考試記不得法律條文或實務見解的確實字號時，可不可以寫成「法律規定」、「民法規定」、「民法親屬篇規定」、「實務見解認為……」，而不必引用條號或字號？

　　這樣子的寫法，大部分的閱卷老師應該不會扣分，可是在競爭激烈的國家考試中就會造成分數落差，如果在高考、律師司法官之類的考試，考生能將常見條號與判例字號的實務見解記起來，閱卷老師在決定評分標準時就會和其他考生產生落差。一般來說，如果全部寫對分數可能是15至20分，但會留個5分左右的「加分空間」，讓有特殊表現的學生能得到更高的分數，例如條號字號均能全數引用正確，能清晰表達出一些學說理論，自然能獲得加分。

　　換言之，如果能將條號與重要的判例字號正確無誤地寫出來，當然有助提高分數。如果四題中有兩題能因此多加個3分，單科的總分就可以再多個6分，這說不定就是上榜的關鍵。

　　以筆者個人閱卷的經驗，數以千計的考卷看到後來眼睛很容易疲憊、意識變得比較模糊，為了要維持一定的閱卷速度，大腦雷達會自動尋找「數字」與「關鍵字」，來判斷答題是否正確，其中的「數字」通常是條號與判解字號。因此，適度地將重要條號記起來，並且呈現在考卷上，對於閱卷者是有幫助的；讓閱卷者快速找到答案，自然對於分數會有幫助。

● 名師的建議

　　且讓我引用謝哲勝老師民法物權中所介紹解題分析的方法，其認為：「答題最高原則是持之有故、言之成理。持之有故指引經據典，對於有法條規定、實務見解、學說見解時，都必須引用作為答題的依據；言之成理指答題時不可只寫結論，必須有基本的說理或推論……。」

　　國考達人賴世昌先生在其書中表示：

　　「無論考生採用何種作答格式，解題時必須引用法條，特別是支持某項請求權的法律規範，例如某甲得依民法第767條規定主張其所有物返還請求權，或依第179條規定主張不當得利返還請求權。所以，考生若是參加『沒有提供法條』的考試時，即須記憶上述主要請求權的重要內容。」

　　「在國家考試中，也常見從實務問題設計的案例，此時作答難免要援引最高法院判例、判決或決議，若有徵引，當然最好能述明其年度、字號，例如最高法院○○年度○○字第○○號判決。不過這樣的難度太高，尤其是在援引判決或決議，因此若無法述明時，則簡要說明其內容即可。」

　　伊藤真在其《記憶的技術》一書中提到：

　　「雖然我認為沒有必要死背六法全書的條文，但是理解條文的內容、記住條文的重點以及他們所在的章節，是有必要的。」

● 學習排斥性的經驗談

如果沒有設計條號與重點內容的記憶方法，會有什麼結果呢？

我學法律的前 15 年，就是這樣子學習的。

應付考試，透過反覆練習法強迫記憶。但考完之後，只要沒有複習很快就忘了。因為這樣子的記憶過程是「硬塞」，大腦會自動產生不舒服的排斥現象。

所以，愈學會愈排斥，以民法一千兩百多條條文來說，當你回頭再看一次，大概又有第一次學習的錯覺，連似曾相識的印象都沒有，那種感覺超差。久而久之，就會產生**學習排斥性**，嚴重者還有嘔吐感。透過適度的記憶方法，讓學習變成一種快樂有趣的事情；**把記憶留給方法**，把時間用在**邏輯思考理解與申論練習**，別讓記憶的問題不斷打擊自己脆弱的大腦。

● 協助定位，進而建立體系

條號，向來是我個人學習法律過程中的困擾。

經過研發多年的記憶技巧，目前個人的做法是把重要的條文、摘要重點內容，並與條號結合起來一起記。平時學習法律的時候，雖然可以翻翻條文，但當你要跟別人討論的時候，想不起來條號與重點內容總是還要花很多時間去翻找法典，實在是很浪費時間，久而久之就會有疲憊感，就像英文學習也是一樣，一直翻字典，就不會想要學英文。

我學了許多記憶法並且寫了一本《圖解法律記憶法》（十力文化）之後，發現可以透過下列流程來學習法律的架構：

● 學習三階段，定位、建立體系三步驟

（可透過圖解書系）

STEP 1：先建立法律的基本架構

搭配心智圖的運作把法律知識擺放整齊，這也很像是「隔間」的概念，將知識分門別類，才能夠快速提取。

（編排定位點）

STEP 2：設計一下重要的條文

整合條號與記憶線索放入架構中。只要提到這些法律觀念，就能很快地回到體系位置，反射出條號與重點內容，久而久之，體系、條文內容、條號就深植在自己的腦海中。

（考試就是寫申論）

STEP3：反覆練習手繪體系圖

每次我都會要求學生拿一些白紙，將體系圖反覆地畫在白紙上，每一個重點練習個5次以上，逐漸就能在大腦中建立清楚的體系。當體系清楚了，就可以輕鬆面對各種考題，如此一來，就能掌握住相關的法律概念且不會漏掉任何重點。

2 登場人物介紹

● J博士

　　一位白天在大學教法律，晚上化身補教名師，帥到爆表，雖然賺得口袋滿滿，但在教學路上一直無法滿足成就感的老師。

　　會來補習的學生至少是有錢繳補習費，但想到還是有很多學生沒能力負擔；況且補習班學生人數太多，主要的目的是把整個科目教完，無法透過問答的方式讓學生體會法律的快樂。

　　困擾之餘，決定在假日四處閒晃，尋覓家境貧窮的學生為弟子，是一個以幫助學生順利考取國家考試為己任，期許將自己多年的法學功力在最短時間內灌輸給對方的教授。

● 阿妹

　　阿妹是一位夜校學生，從小因為家境貧困也不知道唸書方法，成績並不好，靠著夜校的低錄取門檻進入讓人稱羨的法律系，但也開始辛苦的大學生活。

　　眼看就要畢業了，法律專業知識仍沒有學好，雖然尚有美貌，但總不能靠臉賣笑吧！面臨競爭激烈的法律考試不知道該從何著手，萬念俱灰下，正準備往三重橋下一跳，解決這痛苦的法律人生。

　　故事就發生在準備跳橋的時候，被剛好經過的Ｊ博士遇上，經過其解說法律之後，人生就此發生轉折，發現原來法律也可以這麼簡單，於是展開一場轉變其人生的法律學習之旅……

3 什麼是民法？
民法總則又是什麼？

● 學習提要

> 民法是規範當事人財產法與身分法上的法律關係。
> 民法總則並無一個清楚的體系，民法的體系必須整體觀之，學習民法總則之前，必須先瞭解民法總則規範的目的。

● 解說園地

民法，就是解決當事人間的財產關係與身分關係的法律。

有人常會說，學習法律不就是照著法條順序唸，或者是照著「民總→債總→債各→物權→親屬→繼承」排序下來就是體系了，甚至有許多學生認為教科書或補習班用書的大綱就是體系。

如果你問初學者或者是學了民法一陣子的學生：什麼是民總？大約有高達90%以上的學生認為民總就是「原理原則」。

這些都是不太正確的概念。

如果你剛開始學，不知道民法總則（以下簡稱民總）是什麼很正常。但如果學了半年、1年之後還是不知道什麼是民總，那往後的學習道路將會很艱辛，而且不會愈學愈輕鬆。

簡單來說，民法總則是把債篇、物權、親屬繼承等規定中的共通性之規定抽離出來，統一放在民法的條文中。民法總則的學習過程中，因為是共通性的規定，也不是原理原則，所以難以建立基本體系。

民法是最讓我灰心喪志的一科。

為何？民法最貼近我們的生活，應該是最容易理解。

教授說的「最貼近我們的生活」是什麼意思呢？

刑法內容充滿著殺人放火，未必會發生在你的身上，但是民法包含每天觸及的柴米油鹽醬醋茶、生老病死、婚喪喜慶，一定與你有關。

教授能不能舉個簡單的例子？

讓我們想想一天的生活情景，你到7-11買杯咖啡，這是「買賣」。依據法律行為成立與生效要件來判斷：
一、當事人有行為能力：以你**22**歲的年紀已有行為能力，可以單獨完成購買咖啡的法律行為；
二、意思表示是健全無瑕疵：你跟店員表示要買一杯咖啡，店員也願意以每杯**50**元的價格賣你，雙方沒有相互欺騙，也沒有限於錯誤；
三、標的可能、確定、適法、妥當：咖啡是「動產」，買賣標的之一種型態，與毒品不同，這是一種合法標的，也不違反善良風俗。

我每天確實需要喝一杯咖啡，感覺有咖啡上癮的問題，果然民法是規定我每天都在上癮的問題。

咖啡還是少喝一點，身體才會健康。

呵呵！感謝教授的關心。
再請教一下，我當年在學民法的時候，民法分成「總則」、「債編通則」、「各種之債」、「物權」，以及「親屬」、「繼承」。為何要這樣區分呢？

好問題！剛剛有說過，民法涉及到與你生活相關的各種層面問題，有些是契約關係，例如買咖啡的意思表示，這是債的部分，是可以請求對方煮一杯咖啡給你的權利。

那物權呢？

如果是涉及到物權的變動，例如房子（不動產）所有權的移轉，或者是剛剛那杯咖啡（動產）送到你的手上，又或者是我們常聽到的房子（不動產）設定抵押權來借錢，都是屬於物權所探討的範圍。

我懂了！那親屬、繼承就是探討男女交往關係，從訂婚、結婚到離婚，然後死亡之後的財產繼承。

是的。雖然現在離婚率很高，也並不一定會離婚啦！

也對喔！那什麼是總則與通則呢？

這個問題很重要。你會不會覺得民法的條文很多？

對啊！一千兩百多條，嚇死人了。

如果沒有總則與通則，那條文恐怕會破上萬條。

為什麼？（驚嚇中）

在買賣中，如果我付了錢，對方也給了一杯咖啡，債之關係就消滅了，對嗎？

沒錯。

請你翻一下民法法典的「各種之債」裡頭的「買賣」，從第345～378條是否有規定債之消滅的條文？

（看了又看……）沒有耶！

是的。因為很多法律行為，如買賣、贈與、租賃、借貸等都有債之消滅的時候。以買咖啡為例，我付了錢，賣方也給了一杯咖啡，在法律上稱之為「清償」，規定在債篇的「通則」，從307～344條，共計38條。因為各種之債幾乎都會發生「清償」，如果反覆規定，26種的各種之債，每一種都重複規定，26×38就會多出近上千條的條文。

挖！那我唸法律不是要昏倒了。

所以把共有的條文統一放在通則中。

原來如此,這麼聰明的立法技術讓我少唸了好多條文。

那你知道民法總則是什麼嗎?

我知道了!就是債、物權、親屬、繼承都有的共通條文,只規定一次放在最前面的總則中。

哈!你果然是冰雪聰明。

這樣子真的讓我少唸了上萬條的條文耶!

除了共通條文之外,還有一些基本原則,例如民法第148條的權利濫用禁止原則、誠信原則,號稱民法帝王條款。【記憶方法:148,益世(14)誠實就會發(8),發監執行啦!】

每個基本原則都在民法總則裡面嗎?

也未必,有些基本原則是當初立法設計時所確立的基本精神,會在部分條文的內涵中呈現,或者是只能在立法理由或立法過程中的一些文獻中找到,甚至有些基本原則需要未來學說與實務見解加以補充。

今天討論的內容算是民法的第一堂課,搞懂民法是怎麼設計的對於學習民法可是有很大的幫助啊!

好期待後面的課程,我相信聽完教授的課程,一定能拯救我的法律概念。

Note

重點整理
- 民總第1～152條中所揭示的原理原則很少，甚至有些原理原則是不會明確獨立成法律條文，而是已經內含在條文之中。
- 民總的存在是一種立法技術，將重複的規定做一次性的規定，可以說是一種「法條數量的簡化技術」，因此學好民總與學好民法體系是不能畫上等號的。

4 架構學習法
將民總的知識隔間

● 學習提要

　　建立架構、分類歸納，是一項大家都知道的學習方法，但要怎麼樣建立架構，就成為一個有趣的議題。

　　無論採用何種架構，都可以視為自己整理資料的方式，好比說有人喜歡把資料透過「時間」加以分類整理；有些人則喜歡透過「當事人」來分類整理；有些人則依據「條號順序」，無論是哪一種資料架構，只要適合自己而且有效率，都是很好的方法。

● 解說園地

　　民法分成二大領域，財產法以及身分法。

一、財產法

　　財產法討論兩大議題，第一是「債權」，第二是「物權」。

　　「債權」的部分，主要是探討各種契約類型，較常見者當屬買賣，例如某甲在菜市場向菜販某乙購買青菜，兩人之間就成立以青菜為標的物的買賣契約。

　　至於「物權」方面，主要是針對權利人與特定物之關係，例如前述案例中某甲買了青菜之後，即取得青菜的所有權，若有小偷丙將某甲的青菜偷走，則某甲可以依據物權篇之第767條所有物返還請求權

之規定，向丙主張返還其所有的青菜。

二、身分法

　　身分法主要可以分成「親屬」以及「繼承」兩大部分。

　　「親屬」的部分，主要是在探討夫妻關係、親子關係，以及其他家庭成員間的法律議題，例如因結婚而建立夫妻關係，因離婚而結束婚姻關係。

　　「繼承」的部分，則是探討被繼承人死亡後的財產繼承關係，及被繼承人訂定遺囑等問題。

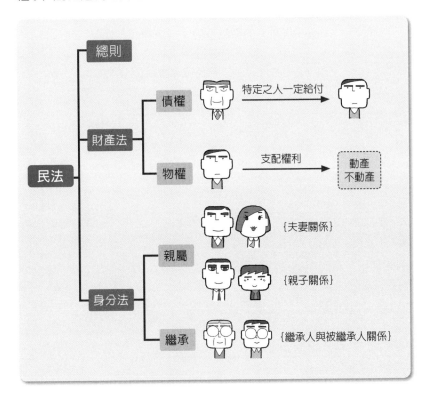

承前一章節的話題，當我們瞭解民法總則是把共通的東西抽出來，這對如何建立體系學習法有很大的幫助。

我還是不太瞭解什麼是體系學習法。

慢慢來！先請你翻一下民法總則教科書的目錄，或者是補習班教材的大綱。

（翻閱……）翻到了，有什麼特別呢？

一步一步來，請你從全國法規資料庫中找尋「民法」，找到之後不要開啓所有條文，點選「編章節」，然後比對兩者，告訴我你看到了什麼？

我發現民法總則的教科書或者是補習班教材的大綱，順序與民法的編章節架構是一樣的。

民法總則的部分總共分成幾章？

總共有……我看看……法例、人、物、法律行為、期日及期間、消滅時效、權利之行使，共七章。

很好，重點來了，你過去是如何學習這七章的內容？

就照著教材順序唸啊！否則……要怎麼唸？

這是不對的。你現在用誰的書？

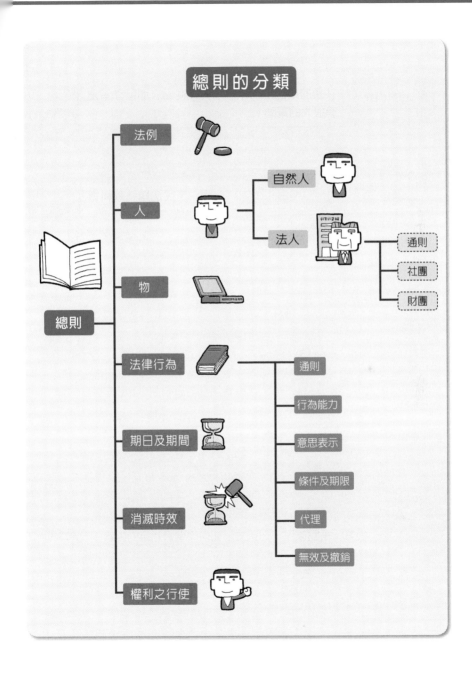

總則的分類

- 法例
- 人
  - 自然人
  - 法人
    - 通則
    - 社團
    - 財團
- 物
- 法律行為
  - 通則
  - 行為能力
  - 意思表示
  - 條件及期限
  - 代理
  - 無效及撤銷
- 期日及期間
- 消滅時效
- 權利之行使

總則

我目前用的是王澤鑑老師的《民法總則》。

那請翻閱一下這本書的大綱，是否和剛剛法條的架構很像。

對耶！難道教授是要暗示王老師的書不好！？

不要這樣子挖洞讓我跳，一般教科書或補習班用書的體系，大多是依照法條結構去安排，這是方便依照法律條文順序學習，並沒有好或不好的問題。

我以為又有什麼八卦可以聽。

如同前面所提到，民法總則是一些共通性的條文，並不能算是一個條文體系，如果照著「條文順序」學習，就很像你那雜亂的房間一直堆著新的東西而不整理，最後資料文件太多無章法，很難有效率地找到所需資料，根本無法「提取記憶」，有礙學習。

我好討厭整理房間喔！但民法就跟雜物一樣多，一千多條耶！想到就讓人瘋掉。

呵呵！你的書房還是可以雜亂，但是在腦袋中的知識必須有體系。

那可以告訴我該如何建立體系嗎？

請先畫下「當事人」、「意思表示」、「標的」。

就這麼簡單？

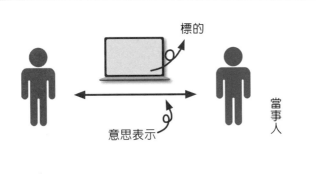

 是的，我是套用心智圖的概念來畫，並將這三項當作民法的核心。

 這三個好像是法律行為的「一般成立要件」？

 不錯喔！蠻有程度的，居然能想到一般成立要件，但我們先不釐清特別成立要件與特別生效要件的概念。
民法是規範人與人之間的生活大小事，大多數是當事人之間對於一定標的表達一些意思。

 那這三項與剛剛民法架構的關聯性呢？

我們可以把這三個概念當作主分類，譬如談到與「當事人」有關係的議題時，就可以用心智圖的方式往外繪製自然人、法人；談到「意思表示」相關的議題，像是詐欺、脅迫、錯誤的時候，就可以匯整在這邊；標的，也是一樣。

但很多規定散見民法其他部分，這也是為什麼國家考試常常考到民法總則以外的條文，畢竟民法總則只是一種「法條數量的簡化技術」，並不是真正的基本架構，所以我們必須要重組民法的架構。

教授會怎麼教我學習民法總則呢？

我會以這三個核心——當事人、意思表示、標的當作總分類，作為中心的出發點，逐步往外延伸，並探討「一般生效要件」，如當事人要有行為能力，意思表示健全無瑕疵，標的要可能、確定、適法、妥當。

下一章節將從這三個核心開始慢慢擴散。

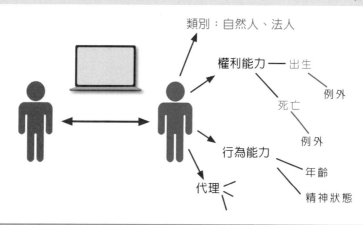

重點整理
- 民法總則只是一種「法條數量的簡化技術」，並不是真正的基本架構，所以我們必須要重組民法的架構。
- 以法律行為成立要件：「當事人」、「意思表示」、「標的」，作為學習民法的核心體系。
- 體系圖多畫幾次，有助於大腦進行知識分類。

5 基本三要件
當事人、意思表示、標的

● 學習提要

> 　　本書將以法律行為成立與生效要件，也就是當事人、意思表示、標的，作為系統架構分類的三個核心。
>
> 　　當事人、意思表示、標的為法律行為之一般成立要件。
>
> ✓一般生效要件：
>
> 一、當事人：有行為能力。
>
> 二、意思表示：要健全無瑕疵。
>
> 三、標的：要可能、確定、適法、妥當。
>
> 　　除了一般成立要件、一般生效要件外，還有特別成立要件與特別生效要件，雖然並非本書所設計的體系架構，但仍在本文中加以介紹。

➡ 當事人、意思表示、標的

> 教授將當事人、意思表示、標的當作民法總則學習的核心，為什麼不以別的內容為核心呢？

> 這是我多年教學的結果，透過這三個核心為中心，可以將大多數民法總則的條文都歸納進來。而且也符合生活上的實際狀況，即便是結婚、離婚，也可以用當事人表示要結婚、離婚，繼承也有當事人寫遺囑（意思表示），然後針對特定遺產（標的）進行分配。

原來如此，可以再舉些例子嗎？

讓我來舉個簡單的例子，甲要賣一支手機給乙，價金500元，甲跟乙是當事人；手機與價金的部分雙方意思表示一致，就形成中間那一條線，也就是意思表示；手機與價金就是標的。（參見下圖）

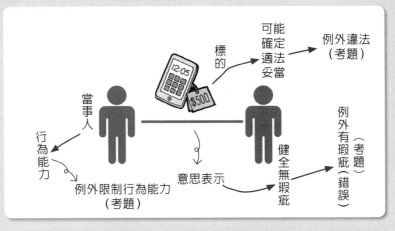

 喔！原來如此。所以這三個核心就像是三個房間，我們把學來的法條分類後，放在這三個核心概念底下。

很聰明喔！不過在分類之前，我們要先引用法律行為「一般生效要件」的概念。

 那是什麼？我……忘記了耶！

你還忘得真快，讓我來勾起你的記憶。

不要勾引我就好。

你……老是愛亂說話。

 哈！開你這老人家的玩笑啦！
快點勾……起我的記憶吧！

當事人，要有……什麼？

 當事人，要有錢。

錢你個大頭啦！
我是說當事人要有什麼才能順利完
成一個有效的法律行為。

 這……可不可以提示一個字？

好吧！第一個字是「行」。

 行為能力嗎？

還不錯喔！當事人要有行為能力，才
能為意思表示與受意思表示。

那我想起來了，這個以前學民法的時
候有背過，之前教授也有提到……
意思表示要健全無瑕疵、標的要可
能、確定、適法、妥當。

（參照前頁圖）

漂亮，答得非常完整。

➡ 一般(特別)成立要件與一般(特別)生效要件

是不是當事人、意思表示、標的，只要這三項即可？

當事人、意思表示以及標的，屬於一般成立要件。在一般生效要件，當事人必須要有完全行為能力；意思表示必須健全無瑕疵；在標的部分，必須可能、確定、適法、妥當。

另外，還有特別成立要件，如要式性，必須要具備一定約定的方式法律行為始成立，第73條有規定：「法律行為，不依法定方式者，無效。但法律另有規定者，不在此限。」

除了要式性之外，其他如要物性、契約合意等。

教授講慢一點啦！
剛剛講的是特別成立要件，
那什麼是特別生效要件呢？

特別生效要件，像是……
一、附條件或期限的法律行為，於條件成就或期限屆至時發生效力。
二、限制行為能力人的法律行為，應得法定代理人的同意。
三、無權處分行為應經有權利人之承認。
四、無權代理行為應經本人的承認。
五、設立公益團體或財團應得主管機關的許可。

這些特別成立要件與特別生效要件感覺
有點亂，該如何放在體系中呢？

確實比較容易錯亂，只要多了名詞，頭腦就容
易發昏。所以我的做法是「簡化」，並不去談
這些名詞，而是直接融合在剛剛的體系圖中。
有時記太多法律體系對國家考試解題並沒有太
大的幫助，還不如用更有效率的分類方法，可
以加速學習的成果。
讓我們慢慢在隨後的章節中一一介紹。

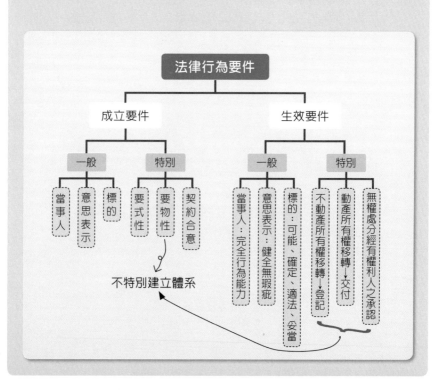

重點整理

⊙ 有些法律行為，除了必須具備一般成立要件與一般生效要件外，還必須具備特別成立要件與特別生效要件。

⊙ 將民法總則的大多數條文，依據當事人、意思表示、標的來進行分類。

以下請大家花點時間背起來：

⊙ 當事人：有行為能力

⊙ 意思表示：健全無瑕疵

⊙ 標的：可能、確定、適法、妥當

6 基本原則
幫你寫出漂亮的大前提

● 學習提要

> 　　考生在寫申論題的時候，常常會有一個很嚴重的問題，就是「大前提」的部分——抽象的法令還沒有解釋清楚就直接用既有的主觀印象套用小前提，欠缺一個合理的論述過程。
>
> 　　主要的原因在於法律規範的要件大多很抽象，該如何解釋就是一門很大的學問。有些學說上有爭論，有些則是實務有提出見解，考生在學習的過程中往往會忽略掉這些不同意見的分析，也省略掉平常就要養成提出自己意見的習慣，所以討論都沒討論，直接就套用到結論，當然有可能是因為根本不知道各種不同的主要見解。
>
> 　　即使沒有熟讀法律內容，但因為法律規範的解釋，基本上都不會跳脫出該法律所依循的基本原則，只要抓緊基本原則，即使不知道該討論什麼，還是可以從基本原則(本書所說的上位概念)推測出可能有的學說實務爭論，進而寫出漂亮的申論內容。

● 解說園地

一、權利濫用之禁止

　　民法第148條第1項規定：「權利之行使，不得違反公共利益，或以損害他人為主要目的。」

　　權利人於法律限制內，雖然可以自由行使其權利，但是不能違反公共利益，這是權利社會化的基本內涵；如果專以損害他人利益為目的者，其權利的行使，實為不法行為，自然為法律所不允許。

【實務見解】

甲向法院訴請乙返還9平方公尺的土地,法院認為要回這土地,需拆除被告所有六層樓房中央部分,勢必影響大樓結構安全,而且甲要回土地後,也難以從事其他利用,顯然是以損害他人為主要目的,有權利濫用之情形,判決甲之請求敗訴。(86台上1840)

二、誠實信用原則

民法第148條第2項規定:「行使權利,履行義務,應依誠實及信用方法。」

誠實信用原則是在具體的權利義務關係上,依據正義公平之方法,作為確定並實現權利內容之基礎。

當事人約定債務人遲延給付時,須經債權人訂一定之期限催告其履行,而債務人於期限內仍不履行,債權人始得解除契約者,債權人催告所定期限雖較約定期限為短,但如自催告時起,已經過該約定之期限,債務人仍不履行,基於誠實信用原則,應解為債權人得解除契約。(90台上1231)

三、其他重點上位概念之整理

◎ 權利濫用之禁止

◎ 公信原則:動產所有權之善意取得、動產質權的善意取得

◎ 公示原則:是公信原則之基礎

◎ 交易安全、善意第三人之保護

◎ 公益原則

◎ 當事人意思自主原則

◎ 互惠原則

◎ 未成年人之保護、限制行為能力人、無行為能力人之保護

你知道民法帝王條款是哪一條嗎？

 是不是第1條：「民事，法律所未規定者，依習慣；無習慣者，依法理」？

當然不是。
你的程度實在讓我頭皮發麻，那直接問好了，你有學過第148條第2項嗎？

 沒有耶！我在學完消滅時效第125至127條後，後面的條文就處於放棄的狀態了。

這可不行啊！後面的條文也是常常出現的考題。沒關係，大多數的法律學習者都會犯這個毛病，只學習高出題率的部分，低出題率或主觀意識上認為不重要的就直接放棄不唸。

讓我來告訴你，民法的帝王條款是第148條第2項：「行使權利，履行義務，應依誠實及信用方法。」也就是所謂的「誠實信用原則」（簡稱誠信原則）。
【記憶方法：148，益世（14）誠實就會發（8），發監執行啦！】*

 學習誠信原則要做什麼？

誠信原則是民事法律適用上的基本原則，法律的適用必須遵循之，是最高指導原則。尤其是解釋意思表示時，應依誠信原則，解釋意思表示，應探求當事人之真意，不得拘泥於所用之辭句。（第98條）

*益世：前國民黨秘書長林益世，因為將索賄錢藏在水池而聞名。

來舉一個實務上的見解：

媒介居間人固以契約因其媒介而成立時為限，始得請求報酬，但委託人為避免報酬之支付，故意拒絕訂立該媒介就緒之契約，而再由自己與相對人訂立同一內容之契約者，依誠實信用原則，仍應支付報酬。又委託人雖得隨時終止居間契約，然契約之終止，究不應以使居間人喪失報酬請求權為目的而為之，否則仍應支付報酬。（58台上2929判例）

這文字好生硬，看不下去。

不要這樣子啦！慢慢看，練習一下⋯⋯

（閱讀⋯⋯）真的常聽過這種現象。

我有位親戚當房屋仲介，好不容易找到買主，結果賣方卻故意不成交，等到3個月的仲介契約過了，賣方又私下找買主簽定房屋買賣契約，還不就是為了省仲介費用。

所以這個判例認為依據誠信原則，應該支付仲介費用。

誠信原則我大致上瞭解了，還有其他基本原理原則嗎？

還蠻多的，不過可以用在考題上的並不多，諸如為維護交易安全目的之公示原則、公信原則、權利濫用之禁止、公益原則、當事人意思自主原則、互惠原則，以及未成年人之保護、限制行為能力人、無行為能力人之保護。

但這些到底該如何用呢？

我來舉一個例題好了。

甲原住居於A地，於民國90年3月間出外購物而失去行蹤已逾7年，迄今仍無音信，惟其配偶乙深信甲仍存在，不願向法院對之為死亡宣告之聲請，則檢察官得否不顧乙之反對，逕向法院聲請對甲為死亡之宣告？

甲經法院為死亡之宣告，嗣發現甲仍存在而在B地生活，並在該地向丙借款新臺幣30萬元，則該借款行為是否不生效力？

【102高考戶政-民法總則、親屬與繼承編】
（本題在「權利能力：死亡宣告」的章節中介紹）

這題怎麼了嗎？

你先看一下第一個考點，配偶不希望聲請死亡宣告，檢察官可否違背甲配偶之意願，直接向法院聲請呢？
可以先查查看民法有沒有規定。

民法第8條第1項規定：「失蹤人失蹤滿7年後，法院得因利害關係人或檢察官之聲請，為死亡之宣告。」
條文中並沒有提到利害關係人與檢察官意見相衝突的時候，該如何處理呢！

是的，法律條文無法鉅細靡遺，必須要靠解釋才能夠解決適用上的問題。如果不知道怎麼解釋，就到上位概念去找。

那要找什麼上位概念呢？

很簡單，你認為為何要有死亡宣告的制度？

我想想……應該是為了生存者的當事人權益，還是避免法律關係處於不確定的狀況，也就是「交易安全」……是這些原因嗎？

都是，所以檢察官為死亡宣告是為了公益、維護交易安全，讓法律關係早日確定，基於這些理由，即使違反利害關係人的想法，仍然可以獨立聲請死亡宣告。

原來如此。
當法律規範不清楚時，又沒有學到學說或實務的解釋，不要緊張，思考上位概念的原理原則，大概就可以解決問題了。

相關考題

下列何者非民法第1條習慣的成立要件？　(A)社會一般人確信其有法之效力　(B)必須通行全國　(C)須為多年慣行的事實　(D)成文法所未規定的事項　【103高考-法學知識與英文】	(B)
依據現行民法之規定，民事，法律未規定時，法院應優先適用下列何者，而為判決？　(A)法理　(B)習慣　(C)判例　(D)學說　【100地方特考五等-法學大意】	(B)

重點整理

⊙ 當法律規範不清楚時，又沒有學到學說或實務的解釋，不要緊張，思考上位概念的原理原則，並套用一些民法立法上之目的，像是為了保護未成年人、交易安全，大概就可以解決問題了。

7 當事人有哪幾種？

● 學習提要

> 　　人有自然人與法人兩種，法人的部分雖然大多被公司法所取代，但偶爾還是會考一些零散的考題，仍然需要注意。
>
> 　　本章節先討論法人的主要規範。

● 解說園地

一、社團法人及財團法人

　　社團法人是社員組織而成的團體，無社員即無社團法人。社團與社員均保持獨立性，社團的行為由機關為之。社團的最高機關是「總會」，為意思機關，社員透過總會參與團體意思的形成，並且監督機關的行為。(民§50 I)舉個例子：股份有限公司中，董事會就如同公司的機關，負責公司日常營運的業務行為；股東大會就是總會，是真正的權利歸屬。社團的決議，是指社員進行表決，透過多數決的程序作成一定之意思表示，讓原本意見紛歧的社員意思表示，最後變成單一的意思，屬於法律行為。

　　財團法人則是一定財產的集合體，屬於公益法人，為達成一定目的而加以管理運用，無財產可供一定目的使用，即無財團法人，登記前，應得主管機關之許可。(民§59)財團既無社員，也沒有總會。財團必須設立管理人，依據捐助的目的，忠實地管理財團的財產。例如財團法人國泰綜合醫院、財團法人海峽交流基金會。

財團董事，有違反捐助章程之行為時，法院得因主管機關、檢察官或利害關係人之聲請，宣告其行為為無效。（民§64）

二、法人的董事及責任

　　法人應設董事。董事有數人者，法人事務之執行，除章程另有規定外，取決於全體董事過半數之同意。（民§27Ⅰ）董事，是法人應設之代表執行機關，法人一切事務，對外代表法人。董事有數人者，除章程另有規定外，各董事均得代表法人。（民§27Ⅱ）對於董事代表權所加之限制，不得對抗善意第三人。（民§27Ⅲ）換言之，還是可以對抗惡意的第三人。

　　法人得設監察人，監察法人事務之執行。監察人有數人者，除章程另有規定外，各監察人均得單獨行使監察權。（民§27Ⅳ）

　　法人之侵權責任，法人對於其董事或其他有代表權之人因執行職務所加於他人之損害，與該行為人連帶負賠償之責任。（民§28）若非董事或其他有代表權之人，則依據民法第188條，負賠償責任。

　　法人之財產不能清償債務時，董事應即向法院聲請破產。（民§35Ⅰ）不為破產聲請，致法人之債權人受損害時，有過失之董事，應負賠償責任，其有二人以上時，應連帶負責。（民§35Ⅱ）

三、法人的成立

　　法人非經向主管機關登記，不得成立。（民§30）

　　法人登記後，有應登記之事項而不登記，或已登記之事項有變更而不為變更之登記者，不得以其事項對抗第三人。（民§31）不管是不是善意或惡意，都不得對抗，與前述董事代表權所加之限制，僅限於不得對抗善意第三人有所不同。

情況	善意第三人	惡意第三人
應登記之事項而不登記	不得對抗	不得對抗
已登記之事項有變更而不為變更之登記	不得對抗	不得對抗
董事代表權所加之限制	不得對抗	得對抗

公司限制A董事的代表權　　　　不得對抗善意第三人

四、主管機關之監督

受設立許可之法人，其業務屬於主管機關監督，主管機關得檢查其財產狀況及其有無違反許可條件與其他法律之規定。（民§32）

（一）法人違反設立許可之條件者，主管機關得撤銷其許可。（民§34）

（二）法人之目的或其行為，有違反法律、公共秩序或善良風俗者，法院得因主管機關、檢察官或利害關係人之請求，宣告解散。（民§36）

五、法人之清算

　　法人解散後，其財產之清算，由董事為之。但其章程有特別規定，或總會另有決議者，不在此限。（民§37）

　　不能依前條規定，定其清算人時，法院得因主管機關、檢察官或利害關係人之聲請，或依職權，選任清算人。（民§38）

　　清算人之職務包括：㈠了結現務。㈡收取債權，清償債務。㈢移交賸餘財產於應得者。（民§40Ⅰ）法人至清算終結止，在清算之必要範圍內，視為存續。（民§40Ⅱ）

既然有三個核心：當事人、意思表示、標的，那我們就依序來解說，首先是當事人。

當事人要先談什麼呢？有行為能力嗎？

還不急，我們先將當事人分類一下，民法總則中有哪幾種當事人的分類。

這個簡單，自然人、法人。

你我都算是自然人。法人的話，可以簡單地介紹一下嗎？

民法上很多契約關係，當事人未必是自然人，例如法律扶助基金會捐助一筆錢給死刑犯的家屬，一方當事人就是法人（法律扶助基金會），而受贈家屬方就是自然人。

不錯，馬上答對，算你及格。
法人，係指自然人以外，依據法律所創設，得作為權利與義務主體之組織。

如果國家考試也能這麼簡單就及格，那該多好啊！

慢慢從小細節建立信心。
接著再延伸下去，法人可以分成哪幾種？

這也不難，私法人中，一個是財團法人，一種是社團法人。
社團又分成營利社團法人與非營利社團法人。常見的公司就屬於營利社團，只是因為有公司法、證券交易法等規定，所以民法上很多條款都已經架空了，那我還需要看民法中有關法人的條文規定嗎？

當然還是要。國家考試民法總則的考科依舊會出一些基本觀念的題目，例如對於董事代表所為限制之效力，違反捐助章程所為行為之效力，近幾年的國家考試中都有出現。

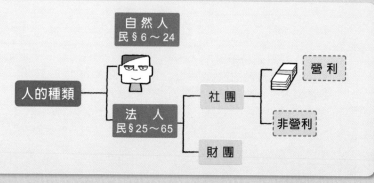

那還有沒有其他考題呢？

當然還是有，甚至有些題目出乎意料，讓我來舉個例子，請看看底下這一題。

原告為「太和股份有限公司」，主張被告「臺北太和汽車有限公司」侵害其公司名稱的權利，使其公司遭受財產上及非財產上損害，原告在法律上如何主張權利？

【101三等原民-民法總則與刑法總則】

公司名稱？那是不是考姓名權？是不是將民法第18、19條，以及第184條寫出來即可。

你的概念蠻不錯，但還有一點不清楚。

我可是年輕貌美又有腦袋，哪邊不清楚？

你把民法法典的體系大綱抓出來（如次頁），請看一下剛剛提到的第18、19條是規定在自然人還是法人。

自然人的規定是第6到24條，法人的規定則是第25至65條之規定，所以是規定在自然人裡面。

請再把法人的規定看一遍，從第25到65條規定，看看裡面有沒有類似第18、19條的規定，或者是準用的規定。

（很認真地翻了一下）
咦？沒有耶！那公司的姓名權如果受到侵害，民法要如何保護它的姓名權呢？

沒有錯，我們發現民法總則的條文中好像沒有規定到這種情況，那該怎麼辦呢？問個簡單的問題，你認為公司的名稱是否也應該受到保護？

當然囉！公司這種營利性質的社團，在法律上也是受到保護的權利主體。

既然認為公司的名稱必須受到保護，但沒有規定，可是另一種權利主體，也就是自然人有規定保護的權利，你認為該怎麼辦？

我知道了，類推適用。

沒錯，類推適用是「法律未規定之事項，比附援引與其性質相類似之規定」。在這一題的解題中，你在引出民法第18、19條，接著肯定公司的名稱遭侵害時也值得保護後，你要點出「現行法中對於公司名稱權之保護並未如自然人有第18、19條明文加以保護，惟因法人既屬民法所規範人之類型，公司之名稱自屬應予以保護之對象，雖無規定，仍得比附援引與其性質相類似之第18、19條規定，類推適用之。」

原來如此。（筆記中）

剛剛那一題，來看一下擬答。

➡ **擬答**

一、被告侵害原告之姓名權

(一)人格權：係個人人格之基礎，與個人有不可分離之關係，以維護個人人格完整性與不可侵犯性。民法第18條第1項規定：「人格權受侵害時，得請求法院除去其侵害；有受

侵害之虞時，得請求防止之。」同條第2項規定：「前項情形，以法律有特別規定者為限，得請求損害賠償或慰撫金。」

(二) 姓名權屬人格權之一種：所謂姓名權，指使用姓名之權利，包括排除他人冒用姓名或不當使用姓名之權利。第19條規定：「姓名權受侵害者，得請求法院除去其侵害，並得請求損害賠償。」

(三) 被告「臺北太和汽車有限公司」冒用原告「太和股份有限公司」，侵害原告的姓名權。

二、原告得主張之權利

(一) 現行法中對於公司名稱權之保護並未如自然人有第18、19條明文加以保護，惟因法人既屬民法所規範人之類型，公司之名稱自屬應予以保護之對象，雖無規定，仍得比附援引與其性質相類似之第18、19條規定，類推適用之。

(二) 除去侵害請求權：第18條規定，人格權受侵害時，得請求法院除去侵害。第19條姓名權受侵害時，亦有相同之規定，故原告得主張之

(三) 侵害防止請求權：第18條規定，人格權受侵害之虞時，得請求防止之。雖第19條無類似之規定，然姓名權屬人格權之一種，故原告亦得主張之。

(四) 財產上之損害賠償請求權：民法第184條第1項前段規定，因故意或過失，不法侵害他人之權利者，負損害賠償責任。此項所謂「權利」，人格權亦屬之。故被告不法侵害原告之姓名權，造成原告財產上之損害，原告得向被告請求負損害賠償責任。

(五) 非財產上之損害賠償請求權：姓名權屬民法第195條第1項前段規定之其他人格法益，若情節重大，亦得請求撫慰金。惟原告乃法人，難論有精神上之痛苦，故不得向被告請求非財產上損害賠償。

甲以乙之人頭名義設立A砂石公司（以下簡稱A公司），甲為A公司之實質負責人，竟盜採丙所有之B地砂石，以供A公司開採加工及買賣交易。嗣丙發現上情，就其砂石遭盜採所受之損害，訴請甲與A公司連帶負賠償責任，有無理由？

【108高考-民法總則與刑法總則】

➡ 擬答

一、丙之主張有無理由？（～甲與A公司負連帶賠償責任？）

（一）A公司部分

1. 依據民法第184條規定，因故意或過失不法侵害他人權者，負損害賠償責任。

2. A公司盜採B地砂石，丙得向A公司請求損害賠償之責任。

（二）乙之部分

1. 依民法第28條規定，法人對於其董事或其他有代表權之人因執行職務所加於他人之損害，與該行為人連帶負賠償之責任。

2. 乙為A公司之代表權人，丙得向乙與A公司請求連帶損害賠償。

（三）實際負責人甲之部分

1. 依民法第28條規定中，法人對於其董事或其他有代表權之人，係指實質董事，實務見解採之。（最高法院101年度台抗字第861號裁定）包括未經登記為董事，但實際為該法人之負責人即有權代表法人之實質董事在內。

2. 因甲雖為A公司未登記之董事，系實質負責人，故負連帶負賠償之責任。

二、結論丙訴請A公司與甲負連帶賠償責任為有理由。

相關考題

下列何者不是財團法人？ (A)私立大學 (B)二二八事件紀念基金會 (C)長庚紀念醫院 (D)股份有限公司 【105四等關務-法學知識】	(D)
下列何者不是法人？ (A)某某股份有限公司 (B)馬偕醫院 (C)北港朝天宮 (D)合會 【104高考-法學知識與英文】	(D)
臺灣銀行股份有限公司屬於下列何種法人或團體？ (A)非法人團體 (B)財團法人 (C)社團法人 (D)公法人 【102四等地方特考-民法概要】	(C)
私立大學是何種團體？ (A)營利社團 (B)公益社團 (C)營利財團 (D)公益財團 【102三等地方特考-民法】	(D)
下列關於社團及財團的敘述，何者錯誤？ (A)兩者都應有董事的設置 (B)兩者都可以有監察人的設置 (C)社團有社員總會，財團則無總會 (D)社團由社員總會變更章程；財團則由董事會修改章程 【100地方特考三等-民法】	(D)

解析：

財團之組織及其管理方法，由捐助人以捐助章程或遺囑定之。捐助章程或遺囑所定之組織不完全，或重要之管理方法不具備者，法院得因主管機關、檢察官或利害關係人之聲請，為必要之處分。(民§62)

下列有關社團及財團之敘述，何者錯誤？ (A)兩者都應有董事的設置 (B)兩者都可以有監察人的設置 (C)兩者都可以有社員總會的設置 (D)兩者都應有章程 【100地方特考五等-法學大意】	(C)
社團最高意思決定機關為： (A)社員總會 (B)捐助章程 (C)董事會 (D)監察人 【97消防不動產-民法概要】	(A)
社團決議，屬於下列何種行為？ (A)事實行為 (B)法律行為 (C)準法行為 (D)單獨行為 【96五等地方公務-法學大意】	(B)

相關考題

財團法人長庚紀念院之法律性質為何？　(A)非法人團體　(B)營利性社團法人　(C)非營利性社團法人　(D)非營利性法人　【97消防不動產-民法概要】	(D)
何謂社團法人？何謂財團法人？並請就法人之基礎及機關二點，說明二者之區別？　【96三等身障-民法總則與刑法總則】	
下列何種權利專屬於自然人，而非法人所得享有？　(A)名稱權利　(B)信用權利　(C)健康權利　(D)名譽權利　【96五等地方公務-法學大意】	(C)
民法規定法人於法令限制內，有享受權利、負擔義務之能力。但專屬於自然人之權利義務，不在此限。所以下列何種權利法人不得主張之？　(A)債權　(B)物權　(C)無體財產權利　(D)繼承權　【96五等錄事-法學大意】	(D)
下列何者，就法人之一切事務，對外代表法人？　(A)董事　(B)監察人　(C)捐助人　(D)社員總會【97鐵公路-民法大意】	(A)
下列何者就法人一切事務對外代表法人？　(A)監察人　(B)捐助人　(C)董事　(D)總經理　【97不動產經紀人-民法概要】	(C)
法人登記後，有應登記之事項而不登記，或已登記之事項，有變更而不為變更之登記者，其未登記之事項效力為何？　(A)無效　(B)得撤銷　(C)效力未定　(D)不得以其事項對抗第三人　【97不動產經紀人-民法概要】	(D)

解析：

如果考得比較難一點，會加上善意或惡意第三人的選項。

資料整理：不得對抗第三人

一、民法873-1條第1項規定：「約定於債權已屆清償期而未爲清償時，抵押物之所有權移屬於抵押權人者，非經登記，不得對抗第三人。」

二、民法1008條第1項規定：「夫妻財產制契約之訂立、變更或廢止，非經登記，不得以之對抗第三人。」

三、民法1033條規定：「Ⅰ夫妻之一方，對於共同財產爲處分時，應得他方之同意。Ⅱ前項同意之欠缺，不得對抗第三人。但第三人已知或可得而知其欠缺，或依情形，可認爲該財產屬於共同財產者，不在此限。」

相關考題

民法規定，法人之目的或其行為有違反法律者，法院得因主管機關、檢察官或利害關係人之請求宣告解散。此屬何種類型之民事制裁？　(A)人格之剝奪　(B)身分權之剝奪　(C)返還利益　(D)損害賠償　　　　【96三等地方公務-法學知識與英文】	(A)

解析：

這一題除了與法人的監督有關係外，也是法人消滅的原因。研讀法人消滅時，必須要看到法人的解散與清算，民法第36條就是法人解散的宣告，與破產宣告、章程或捐助章程所定解散事由的發生、許可或登記的撤銷，同屬社團法人與財團法人的共同解散事由。

社團法人特有的解散事由，包括決議解散（民§57），社團事務無從依章程進行（民§58），社員僅存一人；財團法人特有的解散事由，因情事變更，致財團之目的不能達到時，主管機關得斟酌捐助人之意思，變更其目的及其必要之組織，或解散之。（民§65）

重點整理

⊙ 人可分成法人與自然人。

⊙ 法人可分成財團法人與社團法人，社團法人可以分成營利與非營利兩種。

⊙ 有關法人人格權之保護，法人章節中並無規定，必須類推適用自然人章節中第18、19條之規定。

⊙ 得否對抗第三人是常考的題型。

8 權利能力
當事人行為能力的前提

● 學習提要

> 學習當事人的行為能力之前，可別忘記權利能力的部分，權利能力可是行為能力之前提。
>
> 在面對國家考試的時候，很多人基本觀念學得很熟悉，但在考場上看到考題卻又看不懂。大多數是基本條文很熟，卻忘記會考的題型大多是例外的條文或者是特殊的類型。
>
> 本章節依舊以對談的方式教導讀者如何快速吸收法律條文，進而記憶法律條文，再由實際考題的演練中學會申論題的答題技巧。

● 解說園地

一、權利能力

權利能力，是指在法律上可以享受權利、負擔義務的資格或地位。自然人的權利能力，始於出生，終於死亡。（民§6）法人的權利能力，起於登記完成，終於清算終結。

權利能力之始終期	始期	終期
自然人	出生	死亡
法人	登記完成	清算終結

二、法人權利能力的範圍

　　法人的權利能力，是指法人能成為法律上權利及義務的主體。依據民法第26條規定：「法人於法令限制內，有享受權利負擔義務之能力。但專屬於自然人之權利義務，不在此限。」

　　重點在於，但書是指性質上的限制，至於哪些是專屬於自然人的權利義務？例如以自然生理為基礎的人格權，例如貞操權、身體權屬之，但是姓名權、名譽權等，法人依舊可以享有；其次，以自然人身分為基礎的身分權，法人也不能享有，例如親權、繼承權，但是單純涉及財產權，與一定身分無關係者，則仍然可以享有，例如受遺贈的權利。

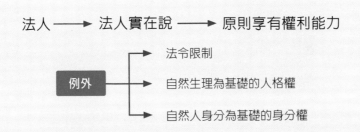

　　法人的本質，主要有擬制說、否認說及實在說三種理論。

　　擬制說：是指權利主體以具有自由意思的自然人為限，法人只是國家在法律上以人為的方式，即特許的方式，使其成為財產權的主體，性質上為一種「擬制的人」。

　　否認說：否認法人在社會上有獨立存在的人格，法人只是假設的主體。

　　實在說：承認法人在社會現象中有獨立性的實體。

（施啟揚，《民法總則》）

三、出生的判斷

何謂自然人？自卵子受精成為受精卵後，經過懷胎十月的漫長歲月，最後分娩，嚎啕大哭，才成為嗷嗷待哺的懷中嬰兒。哪一個階段才算是「出生」，而能夠成為民法上的「人」？學說上對於是否為人，主要有下列的學說區分：

	分娩開始說	從分娩過程開始進行就屬於民法的自然人，也有斷帶說、陣痛說之說法。
	一部露出說	只要是胎兒的一部分，經由分娩過程露出母體之外。
	全部露出說	必須要胎兒整體通通露出母體之外。
✓	獨立呼吸說	除了胎兒完整離開母體外，還要等到其能夠不依賴母體獨立呼吸才屬於民法的自然人，這也是目前的通說。

目前實務上都以獨立呼吸說為標準。胎兒仍在母體中，雖然還無法獨立呼吸，民法基於保障胎兒的立場，只要將來能夠順利生產，有關其個人利益的保護，視為既已出生。例如：胎兒的生父死亡，胎兒若未來非死產仍能享有繼承權。所謂「視為」，不能舉反證推翻，「推定」則可以。

四、死亡的判斷

死亡，又如何判斷呢？傳統學說上向來有脈搏終止說、呼吸停止說、綜合判斷說及腦死說等見解，實務上採取腦死說，以腦波是否完全停止，作為死亡與否的判斷標準。死亡認定的學說，如右表。

死亡的判斷

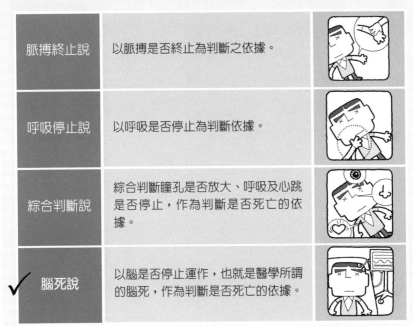

脈搏終止說	以脈搏是否終止為判斷之依據。	
呼吸停止說	以呼吸是否停止為判斷依據。	
綜合判斷說	綜合判斷瞳孔是否放大、呼吸及心跳是否停止，作為判斷是否死亡的依據。	
✓ 腦死說	以腦是否停止運作，也就是醫學所謂的腦死，作為判斷是否死亡的依據。	

出生與死亡的學說

出生：
學說與實務偏向採取獨立呼吸說。

死亡：
採取腦死說。

例外：胎兒

自然人

例外：死亡宣告

始期　終期

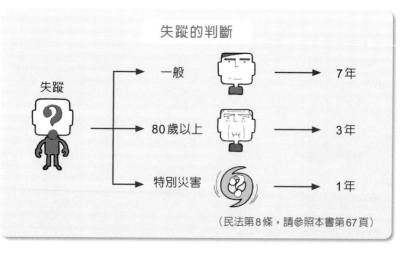

失蹤的判斷

失蹤 ──→ 一般 ──→ 7年

──→ 80歲以上 ──→ 3年

──→ 特別災害 ──→ 1年

（民法第8條，請參照本書第67頁）

➡ **權利能力：出生與死亡**

 那接下來要談什麼呢？

那接下來要談什麼呢？

 目前的體系是講到「當事人，要有行為能力」。但我們先不談行為能力，要來談談他的前提──權利能力。

 這個簡單，就是「在法律上能夠享受權利、負擔義務的能力。」

 很好，而且權利能力之前提在於是個人，而且是活人。

 民法有規定嗎？

有。請參照民法第6條：「人之權利能力，始於出生，終於死亡。」

原來如此，這一條我唸了那麼久，原來是在講這個。

接著要問你兩個概念，判斷出生、死亡的時間點為何？

這……我先來想一下出生的部分……怎麼辦，好像有學過，有點忘記了。

忘記蠻正常的，畢竟法律系要學的東西很多。

教授，您還真能體諒我們學生的心思與痛苦啊！

不過，這個「出生」太簡單了，不必記。

不必記！！教授有何絕招教我一下吧！

只要你有生產的經驗即可。

（羞）教授，我還沒有生產的經驗啦！只有來過幾次那個。

O..o！你講話還真直接啊！我說的生產經驗是指有沒有看過電視或電影的生產情節，有看過就可以。

哈！原來這樣子就夠了，害我又亂講話。

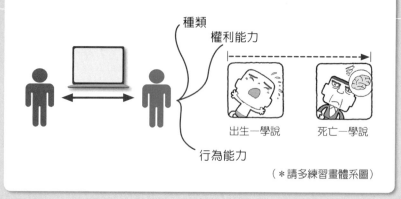

種類

權利能力

出生─學說　　　死亡─學說

行為能力

（＊請多練習畫體系圖）

你有看過「搏命關頭」（Hours）這部電影嗎？

 有！劇情蠻感人的。內容談到卡崔娜颶風來襲時，男主角的太太難產過世，小孩子又因為早產需要呼吸器輔助呼吸48小時才有可能自行呼吸。但因為淹水而停電，所有人員皆撤離，在無人前來救援的情況下，男主角為了維繫呼吸器的正常運作想盡辦法，就為了讓小孩能夠活下來的感人故事。

不錯喔！所以最後一幕就是男主角被救難人員抬上擔架，聽到小孩子哇的哭聲那一刻，也就是學說上所謂的「獨立呼吸說」，依此見解，獨立呼吸之際，才算是出生了。

 好有畫面喔！拍一下屁股，嬰兒大哭一聲而開始呼吸的意思，就是獨立呼吸說，好像還有很多其他的學說。

是的。從剛剛提到的電影「搏命關頭」（Hours）會發現在獨立呼吸說下，依靠機器呼吸的早產兒因為無法自行呼吸，出生日期會延後一段時間，而實際填寫出生時間卻是採取全部露出的時間點，兩者並不相符合。

所以，教授您的意思是……

我的意思是……還有像是全部露出說、一部露出說、陣痛說、斷帶說，每一個學說都有其優缺點，至於要採取哪一個學說，就要看身為法律學習者的你，自己的判斷囉！

那死亡呢？

死亡也有些學說上的爭議，你自己想想看有哪幾種？

讓我猜猜……心臟停止說、呼吸停止說，還有腦死說。

這些學說就差不多了，各國大多採「腦死說」。不過也有些人在腦死後，透過安裝葉克膜讓身體機能勉強維持下來，如果採取心臟停止說，恐怕並不被認定為死亡。

好複雜喔！恐怕得面臨到死亡之際，對這些才會有所感觸。

※ **記憶方法：**

民法第6條：「人之權利能力，始於出生，終於死亡。」6的樣子像是嬰兒頭先從媽媽的肚子生出來。

➡ 權利能力：胎兒

一般而言，國家考試較少考出生與死亡的學說。

（眼睛瞪大）為什麼呢？

因為這是「原則」的概念，出題的機率會比較少，畢竟國家考試競爭很激烈，一定要考特殊的考題，才能區分出考生的優劣。

原來如此，那通常會考哪一類的考題呢？

當然是考除了原則以外的「例外」或者是「特殊」的類型。

洗耳恭聽，請教授繼續分享。

你覺得出生還有什麼特殊點可以考？

恩！這個……好難想喔！

不會很難，剛剛說出生採取獨立呼吸說，時間再往前推，則是全部露出說，如果再往前推，也有所謂的一部露出說；依此類推，如果再往前推呢？

我知道了，「胎兒」的問題，依據民法第……，糟糕！我忘記第幾條了？

第7條是嗎？條文規定為：「胎兒以將來非死產者為限，關於其個人利益之保護，視為既已出生。」

對啊！教授怎麼記得那麼清楚，可否教我些秘訣？

第7條是有關胎兒的規定，首先要理解條文，接著要把條文的重點抓出來，這一條的重點當然就是「胎兒」、「非死產」、「視為」，但建議第一次先抓「胎兒」這兩個字，下一次再慢慢把條文背起來，記憶條文不要求快，吃緊弄破碗（台語）。

那要怎麼與條號相連結呢？

這也不難，「7」可以想像成諧音的「雞」，然後想像成胎兒的「小雞雞」，依據我的經驗，大概想個兩三次就不會忘記了。

這個我來試試看，可是感覺有些邪惡耶！

只要不變態，稍微有點顏色是無妨的，反而對記憶特別有幫助。

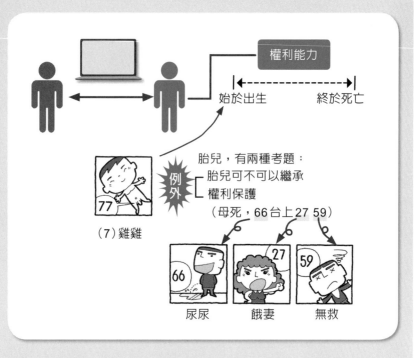

所以「胎兒」是出生的特殊狀況,那通常會出哪一種考題呢?

是的,像是繼承的考題喜歡搭配這條,也就是說胎兒有沒有繼承權;此外,像是胎兒權利被侵害的時候,通常也是出題的重點所在。讓我舉一個考題。

甲女已懷孕8個月，民國90年10月8日因X百貨公司週年慶前去參觀、購物，豈知是日乙攜帶槍枝前去X公司尋找董事長丙討債、洩恨，甲為流彈擊中，雖經X公司警衛人員緊急送醫治療，但甲中槍之後一直處於昏迷狀態。1個月後甲情況惡化，醫院評估甲恐不治，乃緊急對甲施以剖腹，並在甲死亡後的半小時順利取出嬰兒A。惟A因甲遭受槍傷關係，出生時即罹患腦神經麻痺致一生弱智。問：

一、本案若X、乙、丙有應負損害賠償責任之理由，A可否以自己在胎兒時，即有身體及健康之受害而請求賠償？（12分）

二、A對在其出生前已死之母親甲，得否以自己受有損害，依民法規定，對乙、甲及X公司請求損害賠償？（13分）

【99三等地特-民法總則與刑法總則】

這一題看起來不難耶！
第一小題主要是問胎兒是否可以成為侵權行為損害賠償之請求權主體。

感覺上並不會太複雜，算是「小題大作」的題型。

第二小題也不會太複雜，因為以第7條「胎兒以將來非死產者為限，關於其個人利益之保護，視為既已出生」來說，自然可以請求民法第184、192、194條主張損害賠償。

考試的答題要儘量完整一些，除了法條外，還必須寫到學說與實務見解，這一題剛好有實務見解。

咦！是什麼實務見解？

最高法院66年台上字第2759號判決：「不法侵害他人致死者，被害人之子女得請求賠償相當數額之慰撫金，又胎兒以將來非死產者為限，關於其個人利益之保護，視為既已出生，民法第194條、第7條定有明文，慰撫金之數額如何始為相當，應酌量一切情形定之，但不得以子女為胎兒或年幼為不予賠償或減低賠償之依據。」

這一號實務見解，看起來有兩個重點：
一、被害人的子女，包含非死產的胎兒，可以主張第194條。
二、胎兒的賠償金額並不會因為是胎兒而不予賠償或降低。

歸納的工夫不錯喔！有抓到重點，接著把判例的重點與字號整合在一起記在腦中即可。

可是我記條號都很辛苦了，又要如何把實務見解記起來呢？

其實並不難，但必須經過一番設計；我的創意特別好，有時候會有意想不到的效果。以下是我自己對這一號實務見解的記憶設計。

※ 記憶方法：

66台上2759，將數字拆成66（尿尿）、27（餓妻）、59（無救），27（餓妻）59（無救），所以胎兒（66）可以請求損害賠償。

看起來好像真的有幫助,可是那麼多實務見解都記得起來嗎?

我覺得有難度,但可以先抓10個很重要的實務見解,先把最重要的記起來,等到基礎穩固再慢慢去記憶次重要的實務見解。再舉個「代表類推適用代理」的實務見解如下:

74台上2014	記憶方法
代表與代理固不相同,惟關於公司機關之代表行為,解釋上應類推適用關於代理之規定,故無代表權人代表公司所為之法律行為,若經公司承認,即對於公司發生效力。	74(氣死人)、2014(惡靈醫師),大約想個兩三次,記憶黏性非常強,即便忘記,恢復速度也很快。

好的,感覺蠻好記的,但還要花一些時間測試一下記憶黏性。回到考題的實務見解,有什麼好的設計方法呢?

66台上2759,可以分成三組數字,66、27、59;台上,民國38年底才退守來臺,在此之前,最高法院都是「上」,之後才是「台上」,需要記憶的實務見解大多是「上」或「台上」。

那66、27、59要如何與判例的內容相連結呢?

我是這樣子設計的⋯⋯

66諧音可以是尿尿，代表一個小孩子；27、59，可以代表「餓妻」、「無救」，可以想像成很餓的妻子，以及棺材兩個圖像。

整合起來，還可以有個簡單的故事，代表「胎兒的媽媽被餓死而無救」，剛好與實務見解的內容很接近。

好像蠻好記的，希望黏性也會很夠，我會再練習看看該如何將實務見解寫在解題的答案中。

➡ 權利能力：死亡宣告

短短的幾分鐘之內，我發現光是權利能力的部分就有好多內容。

是的。不要擔心內容多，只要體系建構好，並且設計好優質的記憶策略，以後複習的速度會比過去快上好幾倍，而且會愈來愈快。一開始的努力雖然花費時間比較多，但絕對值得。

好的，感謝教授，我會加油的，讓我們繼續吧！

接著則是討論死亡的特殊情況。

那應該是延續剛剛的條文囉！讓我想想看7、小雞雞、胎兒，蠻好記的。可是⋯⋯8，糟糕，沒什麼印象耶！

不錯吧！只要有設計良好的記憶策略，第7條馬上就想起來。

死亡的相關規定中，我們要先記一些比較重要的部分，首先是第8條死亡宣告，第11條同時死亡。

哇，老師怎麼感覺那麼熟悉。

很簡單，先看第11條：「2人以上同時遇難，不能證明其死亡之先後時，推定其為同時死亡。」

通常出現在繼承的考題，2人同時死亡不相互繼承（同時存在原則），而有代位繼承的問題。

兩個人，就是11。

11、2人、同時存在原則、代位繼承，是這一個條文的記憶重點。

好清楚喔！2人就是11。

那第8條呢？

第8條是有關於失蹤的死亡宣告。

所謂死亡宣告，是指某些特定情況下，如當事人因為失蹤的緣故，無法判斷其腦波是否停止，而設立的「死亡宣告」制度，藉此讓懸而未決的法律關係能夠早日確定。

九二一地震，某甲疑似因地震而埋在地底，或某乙因東南亞海嘯失蹤，只要達到1年的法定期間，都可以由利害關係人或檢察官向法院聲請死亡宣告。

至於記憶策略，可以記憶成「8諧音爸爸，失蹤」。至於內容中有關於

1. 一般失蹤→7年

2. 80歲以上失蹤→3年

3. 特別災難失蹤→1年

731多唸幾次，就會記得很熟了。

果然簡單多了，那有關於民法總則之
失蹤考題會考什麼類型的題目呢？

近幾年來，比較常見的考題像是：
1. 聲請死亡宣告之利害關係人範圍。
2. 檢察官與其他利害關係人意見不同時的處理。
3. 甲地聲請死亡宣告，但實際上沒死，乙地所為的法
　律行為是否為死亡宣告效力所及。
4. 結合死亡宣告與時效不完成的考點。
舉一個例子如下：

甲原住居於A地，於民國90年3月間出外購物而失去行蹤已逾7
年，迄今仍無音信，惟其配偶乙深信甲仍存在，不願向法院對之為
死亡宣告之聲請，則檢察官得否不顧乙之反對，逕向法院聲請對甲
為死亡之宣告？
若甲經法院為死亡之宣告，嗣發現甲仍存在而在B地生活，並在該
地向丙借款新臺幣30萬元，則該借款行為是否不生效力？
【102高考戶政-民法總則、親屬與繼承編】

這題有兩個考點，第一個考點是「檢察官與其他
利害關係人意見不同時的處理」，而第二個考點
則是「甲地聲請死亡宣告，但實際上沒死，乙地
所為的法律行為是否為死亡宣告效力所及」。

先來討論第一個考點，你認為該如何處理呢？
找一找法條的內容，看是否能找到答案！

第8條：「失蹤人失蹤滿7年後，法院得因利害關係人或檢察官之聲請，為死亡之宣告。……」第9條、第10條……這幾條都沒有規定檢察官與利害關係人意見相衝突的情況該如何處理，只有規定檢察官與利害關係人都可以提出聲請……
教授，請問沒有規定的時候該如何找答案呢？

法律規定常常會有許多模糊之處，
必須透過解釋來處理，但你覺得應
該要怎麼解釋才會正確呢？

 用我個人覺得正確的想法解釋……

那這題你會怎麼想呢？

我覺得失蹤者配偶難捨對丈夫的感情，
都會假想她的丈夫還存活在世上，如果
宣告死亡，那形式上不就真的死了，檢
察官怎麼可以那麼殘忍……

這個想法也不能說不對，但我們要從
民法當初設計的角度去思考，要從基
本原理原則的上位概念來找答案。

 老師，我這是真情流露。

我當然知道你是真情流露，但在法律制度上就必須面面俱到。如果一直感情用事，很多法律關係就會一直處於不穩定的狀況，例如甲失蹤後一直未宣告死亡，債權人可不可以跟其子女請求償還500萬的借款呢？還有配偶可不可以再婚？

 好吧！我承認自己思慮未周，請問這一題該如何解題呢？

我有一個解題的基本流程！

 什麼是解題的基本流程呢？快告訴我。

首先，審視有無學說爭議。
以這一題為例，可以分成：
1. 獨立地位說：檢察官是為了公益為目的，代表國家獨立提出聲請，避免失蹤人法律關係長期陷於不確定狀態。
2. 輔助地位說：僅得於無利害關係人或有利害關係人但無意見或不違反其意見，始得聲請。

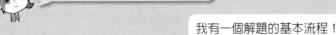 原來還有這些學說喔！

你挑選一本好的教科書，基本的內容幾乎都會寫到，如果沒有，可以多參考一些不同的教科書，並且整合到一本書上。以後以那本書為主，不必每一本書都看，因為不同的地方都整合到同一本書，沒有整合進來的內容就是重複或不重要的。這種讀書方法稱之為「教科書一本主義」，可以省去不少時間。

哈！看來我的讀書方法要修正一下才會更有效率。回到這一題，那我該選擇什麼學說呢？

不錯喔！看完了學說，最重要的就是「確定程序」，不要背了一堆學說，到底採用哪一個學說卻總是搖擺不定，甚至到了考場才決定要採取什麼學說，那可是會減低答題的效率。

我覺得獨立地位說好像比較妥當，那我就採取公益為理由來進行論述了。假設只大略記得學說的名稱，又還沒有「確定」採哪一個學說見解，該如何是好呢？

當你在條文中找不到答案，或者是不知道要採取哪一個學說見解時，可以看看有無實務見解，如果實務見解與學說見解有衝突，可以批判實務見解。

假設學說與實務都沒有，則回到這部法律的上位概念，有關這個部分在民法的基本原則中有提到，通常是原理原則的部分，是尋找法律解釋的方向。

法律規定不明確時的解題流程

審視有無學說爭議　➡　有無實務見解　➡　原理原則
（確定程序）　　　　　　（如有衝突，進行批判）

怎麼說呢？

譬如說民法的基本原理原則，如誠信原則、當事人權益保護、當事人意思自主原則、善意取得、公益維護等等，可以在這邊找一下答題論述的方向。

檢察官之所以得聲請死亡宣告，是為了公益，維護交易安全、讓法律關係早日確定，基於這些理由，即使與利害關係人的想法相衝突，仍然可以獨立聲請死亡宣告。

簡單來說，這一題的解題可以利用「公益維護」、「交易安全」的上位概念來論述，寫出來的結果應該跟一般的學說通說內容差不多。

原來如此，所以我這樣子思考並想出來的結果就會跟教科書的內容差不多。

因為法律並不是那麼死硬，跟我們生活周遭建立出來的經驗差不多，順著經驗走，思考立法者可能會如何解決這個問題，只要你的思考邏輯不是太特立獨行，通常答案就差不多了。

哈！這一題讓我更有解題的信心了，謝謝教授。

還有第二個小題，若甲地聲請死亡宣告，但實際上沒死，乙地所為的法律行為是否為死亡宣告效力所及。

給你一段文字，可以用來解這一類型的考題……

失蹤人雖受死亡宣告，在其他地方依舊生存而為之法律行為不受影響，蓋因死亡宣告僅在於結束失蹤人原住居所為中心之法律關係，並不在剝奪其權利能力，故仍得享有權利負擔義務。

這一題討論就先到這邊，接下來的題目不難，屬於三等轉任的考題，並非一般考生眾多的大考試，就讓你自己練習看看囉！

好的，我就來試寫寫看這一題。

甲以「自由行」方式單獨前往A國觀光，適逢A國發生地震及海嘯等災難，甲行蹤不明，生死未卜。如甲欠乙新臺幣500萬元，時效期間在甲於A國失蹤時屆滿，乙的請求權消滅時效是否完成？乙得否聲請法院對甲為死亡宣告？請依民法總則編的規定回答之。

【100三等轉任-民法總則與刑法總則】

補充：記憶成果檢測

在第一次記憶到第二次複習的時間大約14天，可以做個成果檢測。

第64頁實務見解的第二次複習是因為有學生問我一個關於胎兒主張第194條的申論題，我馬上想起有這號實務見解，於是慢慢在腦中回憶相關圖像，對於實務見解的內容也大概都能記起來。當時記起來內容是胎兒以將來非死產為限，依據第7條視為既已出生，得主張第194條請求慰撫金。

經過了14天沒有複習，還記得27、59的圖像，但忘了66，想了30秒還想不起來，放棄。不過，把資料拿出來看，依據當時設計的記憶法，馬上就記起來，黏性算強，恢復力也不錯。

胎兒以將來非死產者為限，關於其個人利益之保護為何？ (A)視為既已出生 (B)推定既已出生 (C)視為完全行為能力人 (D)推定為完全行為能力人 【96公務初等人事經建－法學大意】	(A)
民法第7條規定：「胎兒以將來非死產者為限，關於其個人利益之保護，視為既已出生。」其中所使用的「視為」一詞，在法學方法論上，稱為： (A)法律續造 (B)擬制 (C)漏洞補充 (D)類推適用 【98三等退除役轉任公務員及海巡－法學知識與英文】	(B)
甲(80歲)出家門後下落不明，其配偶乙於甲失蹤後，滿幾年得聲請法院對甲為死亡宣告？ (A)1年 (B)3年 (C)7年 (D)10年 【97鐵公路－民法大意】	(B)
失蹤人除為80歲以上或遭遇特別災難者外，法院得於失蹤人失蹤滿幾年後，依利害關係人或檢察官之聲請為死亡之宣告？ (A)1年 (B)3年 (C)5年 (D)7年 【9不動產經紀人－民法概要】	(D)
下列關於「死亡宣告」的敘述何者錯誤？ (A)「死亡宣告」必須由法院以判決為之 (B)「死亡宣告」確定之後，不得再撤銷或推翻 (C)80歲的老人失蹤時，跟18歲的人失蹤相較，前者的家人可以在比較短的期間過後聲請死亡宣告 (D)遭遇空難而失蹤的人，跟一般情形失蹤的人相較，前者的家人可以在比較短的期間過後聲請死亡宣告 【98四等基層警察－法學緒論】	(A) (B)
我國民法規定，2人以上同時遇難，不能證明其死亡之先後時，應如何處理？ (A)推定年長者先死亡 (B)視為年幼者先死亡 (C)視為同時死亡 (D)推定同時死亡 【96公務初等人事經建－法學大意】	(D)

相關考題

關於自然人的權利能力，下列敘述何者錯誤？　(A)始於出生，終於死亡　(B)胎兒亦無條件地享有權利能力　(C)得享受權利、負擔義務的能力　(D)外國自然人依法律規定亦有權利能力　【104司法三等－法學知識與英文】	(B)
下列何者不是我國現行法上的權利主體？　(A)甲婦腹中之胎兒　(B)臺東美麗灣之自然生態　(C)中華郵政公司　(D)七星農田水利會　【100地方特考三等－法學知識與英文】	(B)
自然人之權利能力始於何時？終於何時？　(A)始於成年，終於死亡　(B)始於出生，終於死亡　(C)始於滿7歲，終於死亡　(D)始於出生，終於成年　【96公務初等一般行政－法學大意】	(B)

重點整理

⊙ 原則規定的考題不太會出現，例外規定或者是特殊類型才是出題的重點。

⊙ 第7條，胎兒權利能力之保護。記憶秘訣：可以想像成諧音的「雞」，然後想像成胎兒的「小雞雞」。

⊙ 不法侵害他人致死者，被害人之子女得請求賠償相當數額之慰撫金，又胎兒以將來非死產者為限，關於其個人利益之保護，視為既已出生。民法第7條、第194條定有明文，慰撫金之數額如何始為相當，應酌量一切情形定之，但不得以子女為胎兒或年幼為不予賠償或減低賠償之依據。(66台上2759)

⊙ 66台上2759實務見解之重點：

　1.被害人的子女，包含非死產的胎兒，可以主張194。

　2.胎兒的賠償金額並不會因為是胎兒而降低。※ 記憶秘訣：胎兒(66尿尿)的媽媽(27餓妻)被餓死而無救(59)。

⊙ 民法第11條，二人、同時存在原則、代位繼承。

⊙ 法律規定不明確時的解題流程：

　審視有無學說爭議 → 有無實務見解 → 原理原則

　（確定程序）　　　　（如有衝突，進行批判）

⊙ 檢察官之所以得聲請死亡宣告，是為了公益，維護交易安全、讓法律關係早日確定，基於這些理由，即使利害關係人的想法相衝突，仍然可以獨立聲請死亡宣告。

9 當事人的行為能力（一）
年齡

● 學習提要

> 　年齡的探討，歸類在當事人的行為能力中，是判斷的標準之一。
>
> 　年齡是熱門考題，哪些年齡沒有行為能力？有無例外情況？所為之法律效果為何？這類型的考題可以有許多變化題，尤其是限制行為能力人的部分，更是考題的熱點所在。

● 解說園地

一、行為能力

(一)財產法上之行為能力

　行為能力，指獨立從事法律行為的能力，可以分成財產上的行為能力以及身分上的行為能力。

　財產上的行為能力，滿18歲為成年（民§12）。滿7歲以上之未成年人，有限制行為能力（民§13Ⅱ），未得法定代理人之允許，所為之單獨行為無效（民§78），未得法定代理人之允許，所訂立之契約，須經法定代理人之承認，始生效力。（民§79）。

　未滿7歲的未成年人，無行為能力（民§13Ⅰ），無行為能力人之意思表示，無效；雖非無行為能力人，而其意思表示，係在無意識或精神錯亂中所為者亦同。（民§75）無行為能力人由法定代理人代為意思表示，並代受意思表示。（民§76）

法人，必須透過董事才能從事法律行為。因此，董事就法人一切事物，對外代表法人。董事有數人者，除章程另有規定外，各董事均得代表法人。（民§27Ⅱ）

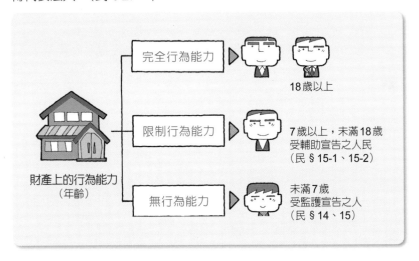

完全行為能力 ▶ 18歲以上

限制行為能力 ▶ 7歲以上，未滿18歲
受輔助宣告之人民
（民§15-1、15-2）

財產上的行為能力
（年齡）

無行為能力 ▶ 未滿7歲
受監護宣告之人
（民§14、15）

（二）身分上之行為能力

身分上的行為能力，可以分成**訂婚、結婚**與**遺囑**等三種情況。其與財產上的行為能力有所不同，基本年齡的要求較高，例如財產上之行為能力，只要滿7歲就有限制行為能力，只是所為之法律行為效力未定。而訂婚，則男女未滿17歲者，不得訂定婚約（民§973）；結婚，男女未滿18歲者，不得結婚。（民§980）

雖然已經達到訂婚的年齡，但是若仍未滿18歲，未成年人訂定婚約，應得法定代理人之同意。（民§974）若違反訂婚能力之規定，實務上認為所為的訂婚應屬無效。違反結婚能力之規定，婚姻當事人或其法定代理人得向法院請求撤銷婚姻。

遺囑的部分，無行為能力人，不得為遺囑。（民§1186Ⅰ）限制行為能力人，無須經法定代理人允許，得為遺囑。但未滿16歲者，不得為遺囑。（民§1186Ⅱ）

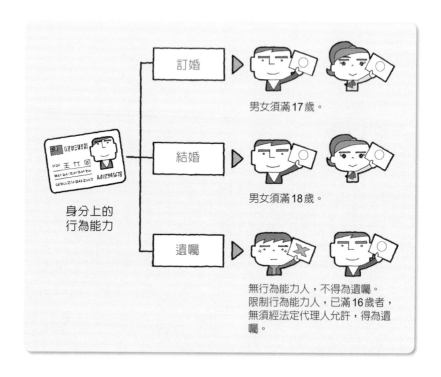

身分上的行為能力

訂婚 ▶ 男女須滿17歲。

結婚 ▶ 男女須滿18歲。

遺囑 ▶ 無行為能力人，不得為遺囑。限制行為能力人，已滿16歲者，無須經法定代理人允許，得為遺囑。

二、無行為能力之法律效果

　　從年齡的判斷來說，無行為能力人是未滿7歲者，通常都還需要把屎把尿，當然更需要特別的保護。

　　無行為能力人不能自己為意思表示，必須由法定代理人代為意思表示，並代受意思表示。（民§76）因此，無行為能力人之意思表示，

無效，無論是否為單獨行為或契約行為，都是無效；雖非無行為能力人，而其意思表示，係在無意識或精神錯亂中所為者亦同。（民§75）

無行為能力人不能自為意思表示或受意思表示，必須透過法定代理人代為或代受之。與限制行為能力人的情況不同，限制行為能力人可以為意思表示或受意思表示，只是效力未定，必須經法定代理人事前同意或事後承認始生效力。

> ※ **記憶方法：**
> 民法第75條「無行為能力人之意思表示，無效。」可以利用75的諧音「欺侮」，代表無行為能力人會被欺侮，藉此來連結兩者間的關係。

法律行為之一部分無效者，全部皆為無效。但除去該部分亦可成立者，則其他部分，仍為有效。（民§111）無效之法律行為，若具備他法律行為之要件，並因其情形，可認當事人若知其無效，即欲為他法律行為者，其他法律行為，仍為有效。（民§112）無效法律行為之當事人，於行為當時知其無效，或可得而知者，應負回復原狀或損害賠償之責任。（民§113）

三、限制行為能力人之行為能力

（一）基本概念

限制行為能力人雖然仍受到民法相當的保護，但相較於無行為能力人，存在著較大的自主空間。但是，仍透過法定代理人之事前允許或事後承認，作為保護限制行為人的重要防線。

基本上，只要法定代理人允許，就可以為意思表示或受意思表示。（民§77）如果沒有獲得允許，單獨行為無效（民§78），契約行為

效力未定。契約在效力未定的情況之下，須經過法定代理人之承認，始生效力。（民§79）經承認之法律行為，如無特別訂定，溯及為法律行為時發生效力。（民§115）

（二）例外情況

在某些情況下，限制行為能力人所為之法律行為是有效的。如純獲法律上之利益，或依其年齡及身分、日常生活所必需者，並不需要得到法定代理人之允許。（民§77但）

例如，甲送一台玩具汽車給10歲的小孩乙，屬於純獲法律上的利益，15歲的國中生到學校福利社購買一罐飲料，則為依其年齡及身分、日常生活所必需者。

其次，限制行為人用詐術使人信其為有行為能力人或已得法定代理人之允許者，其法律行為為有效，並不需要法律加以保障其法律行為的有效性。（民§83）

例如16歲的黃姓少年欺騙阿扁，讓阿扁誤以為他已經是成年人，而將變形金剛賣給阿扁，本來因為其屬未成年人，契約效力未定，但是因為其使用詐術，已經沒有保護的必要，所以變形金剛的買賣契約有效成立，黃姓少年有義務要移轉所有權給阿扁。

有關特定財產之處分，法定代理人允許限制行為能力人處分之財產，限制行為能力人，就該財產有處分之能力。（民§84）最後，有關「獨立營業之允許」，法定代理人允許限制行為能力人獨立營業者，諸如開一家公司，則讓限制行為能力人關於其營業之部分，有行為能力。（民§85）

限制行為能力人有行為能力之必要情況

純獲法律上之利益

依其年齡及身分、
日常生活所必需

詐術

特定財產之處分

獨立營業之允許

在上述特定情況下，限
制行為人並無須透過法
定代理人加以保護之必
要，或是施用詐術，或
法定代理人業已允許，
顯然已無保護之必要。

➡ 行為能力年齡之基本規定

> 阿妹,今天怎麼樣啦?

> (伸懶腰,沒注意到教授的問候)

> 上課一陣子了,怎麼還兩眼無神,問你問題也沒回答,好像進入民法第75條後段時的狀態……

> 老師你在說哪一條啊!怎麼感覺在取笑我(揉著眼睛翻閱法典中……)

> 哈!這一個條文因為應用頻率稍微低一些不太容易記得,當初還是靠老師上課用這條暗諷我,才把條文記起來了。

> (唸)民法第75條:「無行為能力人之意思表示,無效;雖非無行為能力人,而其意思表示,係在無意識或精神錯亂中所為者亦同。」教授果然偷罵我,說我在無意識或精神錯亂中……

> 開個玩笑啦!欺侮(75)你這個無行為能力人一下,趕緊提振精神,讓我們進入行為能力的階段吧!

> 教授,您真是太神奇了,連罵人都可以順便教人記條號。不過,這個民法的名詞還真是讓人頭昏,一下子權利能力,一下子又行為能力,搞得我頭好昏……

別昏別昏，也沒那麼難，民法主要是管活著的人，所以前提要有權利能力；但活著的人所為的法律行為，可能會因為特殊原因而讓法律行為的效力減損。

像是小孩子年幼無知，又或是玩遊戲常常會翻臉不認帳、說話不算數，如果讓小孩子能隨便訂定契約，並不利於交易安全，也很容易就造成小孩子權利之侵害，例如用100元就把價值數百萬元的法拉利跑車賣掉。

所以，本章節有關於「行為能力」的討論，是指能獨立為有效法律行為之能力。比較白話的說法，就是在探討哪些人可以自己完全地為法律行為，哪些人不行，還必須經過法定代理人的允許或承認。

我知道行為能力可以由年齡與精神狀態來區分。
年齡部分比較好記憶，分成7歲與18歲為分水嶺。
分別是：
未滿7歲之未成年人，無行為能力。（民§13Ⅰ）
滿7歲之未成年人，有限制行為能力。（民§13Ⅱ）
滿18歲為成年，有完全行為能力。（民§12）。

是的，民法透過年齡來區分三種行為能力，蠻清楚易懂的。
只是很多人不但要考民法，又要考刑法，常把刑法中（以14、18歲為分水嶺）的責任能力互相搞錯。

還好我沒提出這個疑問，要不然可是會被逐出師門。

哈！那倒不至於，有問題就多多提出來討論。

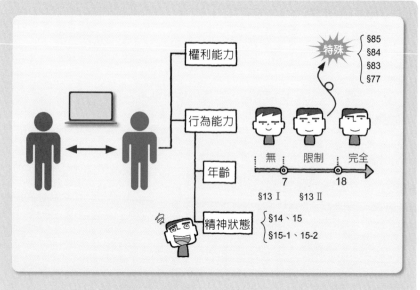

➡ 行為能力之特殊類型

透過年齡區分行為能力，比較不會成為主要的考點，因為這是原則的規定，例外或特殊情況比較會考。

可以說明一下有哪些例外或特殊情況呢？

行為能力的例外或特殊情況，主要有以下類型，我也順便告訴你記憶方法。

好啊！好啊！

我們先看第85條。

85 度 C 是賣咖啡的店，所以是「獨立營業」，關於其營業，有行為能力。

是的，透過賣咖啡的 85 度 C 與獨立營業相結合。接著第 84、83 條並不需要特別去記憶條號，順著往前推即可，分別是：第 84 條，特定財產之處分，就該財產有處分之能力。第 83 條，詐術。如果覺得不好記，可以再用一次 3，很像是懷孕婦女，假想成騙人已經懷孕了。

還有嗎？

還有一個是第 77 條但書：「但純獲法律上利益，或依其年齡及身分、日常生活所必需者，不在此限。」現在請你閉上眼睛，回想剛剛我教的內容，是否能全部記起來。

※ **記憶方法**：
想成送給小朋友 77 乳加巧克力，代表「純獲法律上利益」。

（閉上眼睛回想）差不多都記起來了耶！
這些好方法我要抄在筆記本上。

行為能力之特殊類型的記憶方法

民§77但：
純獲法律上利益
依其年齡及身分、日常生活所
必需者

民§85 I：獨立營業

民§84：特定財產處分

民§83：詐術

讓我們來練習一下考題！

甲在聯考後分發至某大學法律系，依據校方規定，甲須加入該校法律學會，但甲現年始17歲，請問甲未經其法定代理人允許，加入該學會之法律上效果如何？甲若有效加入此社團，就其社團內之投票，是否須經其法定代理人之許可？

【100高考－民法總則與刑法總則】

（本題修改為17歲）

教授，通常這種題目看起來不會很複雜，但真正要下筆的時候還真是猶豫啊！

很正常。對於初學者而言，一開始看到題目感覺很簡單，接著就覺得法律好像不夠用，無法適用到眼前的狀況。建議先抓出核心爭點，接著條列式討論。以本題為例，核心爭點有兩個層面：
1. 限制行為能力人加入學校社團的法律行為，是否要獲得法定代理人允許？
2. 加入社團後的衍生行為，如社團投票，是否要獲得允許？

那接下來呢？

加入學校社團行為，屬於單獨行為還是契約行為？

有差別嗎？

有，因為本題的前提是未經法定代理人允許，如果是單獨行為，依據民法第78條規定是無效。如果是契約行為，則依據民法第79條須得法定代理人之承認，始生效力。

原來如此。

所以，先把這一題的第一個小題重點標記下來：
1. 確認甲為限制行為能力人。
2. 限制行為能力人所為單獨行為或契約行為之效力。加入社團的性質：通說認為係社員與社團間的契約，使社員取得資格，並與社團發生權利義務關係。因此，屬於契約行為，並非單獨行為。

3. 既然為契約行為，是否有第77條但書例外規定之適用。

4. 本題為未得法定代理人同意之契約行為，必須要進入到第79條法定代理人之承認。

邏輯思路好清楚喔！

但在瞭解問題的爭點之後，寫題目的順序還是要採三段論法為宜，也就是大前題、小前題、結論。不過有關寫題的結構，則請參考本書最後有關解題格式的內容。

好的，我會再參考後面的內容。回到剛剛那個問題，如果沒有明確規定，就回到上位的概念或原理原則，所以可以從「保護限制行為人」的立場加以討論。

不錯喔！但有些是法律已經有明文規定，例如限制行為能力人不得被選任為董事或監察人，請參考下列條文。
公司法第192條第1項規定：「公司董事會，設置董事不得少於3人，由股東會就有行為能力之人選任之。」
第3項規定：「民法第85條之規定，對於前項行為能力不適用之。」

電影情節常有富二代年輕當董事長。

通常都已成年，只是看起來很年輕……

那第二小題呢？

第二小題也是非常常見的題型，允許加入社團後，進入社團的其他行為，例如投票，是否仍要法定代理人之同意？

你可以練習寫寫看，底下是本申論題的解題範例：

➡ **擬答**

一、　加入學會之部分

（一）甲現年始17歲，依第13條第2項規定，滿7歲以上之未成年人，有限制行為能力。

（二）第77條規定：「限制行為能力人為意思表示及受意思表示，應得法定代理人之允許。但純獲法律上利益，或依其年齡及身分、日常生活所必需者，不在此限。」

（三）加入社團的性質：通說認為係社員與社團間的契約，使社員取得資格，並與社團發生權利義務關係。因此，屬於契約行為，並非單獨行為，應得法定代理人之允許。

（四）茲有問題者，在於是否有但書，符合「純獲法律上利益」、「依其年齡及身分、日常生活所必需者」之要件？

　1. 參加社團須繳納費用且負擔一定的義務，並非純獲法律上利益，此其一。（施啟揚）

　2. 其次，參加社團看似單純，但有許多社團性質特殊，實質社團活動可能有害於限制行為能力人，故不宜全部均認為是日常生活所必需，仍應視具體個案之判斷。

（五）本題甲係法律系學生，參加法律學會，依其法律系學生之身分若屬必需，縱使未得法定代理人之同意，仍屬有效。尤其是學校社團大多業由學校進行輔導，屬於學校教育的

一環，若任何情況都要獲得父母之同意，顯屬保護過度，有違學生學習活動之自主性，反而無法達到保護限制行為能力人之目的，故應以有效為當。

二、社團內投票之部分

（一）如前所述，若甲參加法律學會，依其法律系學生之身分若屬必需，屬有效行為。

（二）社團內之投票，如僅係一般社團性之運作，並非涉及到社員重大財產權益之變動，且為避免決議之效力懸而未決，應認為仍屬附隨於加入法律學會之部分，若採加入社團須取得法定代理人之同意，應認為屬於原本法定代理人同意之範圍，不再需要法定代理人之同意；反之，若認為加入社團本來即毋庸取得法定代理人之同意，社團內投票更無庸取得同意。

還有一些很類似的題目，例如依據第84條給予100元買彩券，結果中了200萬元，是否不需要再次允許而購買昂貴的汽車？（特定財產處分之代替物）這類型的考題，也是限制行為人的例外情況，此一例外情況之衍生狀況，是否屬於原本特定財產處分之範疇？且讓我舉一個102年三等退除役轉任的考題如下。

某大學生甲17歲，尚未結婚。某日甲以其父親乙所給與之零用錢購買彩券，中獎新臺幣（下同）200萬元。甲領得獎金後，以50萬元向丙購買汽車1部。請問：甲丙之汽車買賣契約效力如何？

【102三等退除役轉任-民法總則與刑法總則】

（本題修改為17歲）

回到上位的概念，所以可以從保護限制行為人的立場加以討論。

所謂特定財產處分允許之規定，主要是在保護限制行為人的前提之下，考量若每件事務都必須經過允許，在效率上實屬欠缺，故例外規定之。

法定代理人僅給予零用錢部分，卻因為中獎 200 萬，欲取其中的 50 萬元向丙購買汽車 1 部，雖屬特定財產處分的衍生性標的，但實質上則已經超過特定財產處分允許的範圍，從保護限制行為人之立場而言，仍應由法定代理人事前允許、事後同意的角度來思考。

這樣子推論很好，當條文解釋上有疑義的時候，就要回頭思考是否符合民法立法的目的，也就是保護限制行為人的方向。

➡ 民法第 78 ～ 82 條的記憶方法

教授！（ㄋㄞ一下）

吼！不要這樣子叫我啦！全身都起雞皮疙瘩了，上課要嚴肅一點。

可以問一個很沒用的問題嗎？

怎麼？你想要問我 XX 條文是不是可以不用背嗎？

（驚！）教授，你怎麼那麼厲害，一下子就看穿我的企圖。

哼！以我閱人無數的經驗，當然能夠一眼看穿啊！你想要問哪幾個條文？

民法第78～82條的部分，有關於限制行為能力人的相關規定，條文好多好複雜，可以不背嗎？（哀求的眼神）

（堅定的雙眼）這地方蠻重要的，不能不背！實際考題中，這幾條也常常會寫到，不止要背，還要非常熟練；而且民法第15-2條第2項，於未得輔助人同意之情形（民§15-2Ⅰ），準用民法第78～83條的規定，常常會一併出題。

那我一直都記不起來，該怎麼辦呢？

還是先抓條號與條文重點，只要先記起來，未來就能逐漸熟悉條文的全部內容，寫申論題時也就能有更多可用的素材了。

那就聽教授的話，聰明的教授可否教個兩招？

你又不自己想，什麼都要靠我。

教授，上次才請你吃巧克力，就教人家一下啦！

巧克力吃完了啦！

（嘟嘴）好啦！下次煮人參雞給你吃^^

這樣子還差不多，給你幾個記憶的好點子，但你先看過條文了嗎？

 看過了，洗耳恭聽中……

第78條，數字變成臺語罵髒話，變成一句話「78，居然無效」。

民法第78條：限制行為能力人未得法定代理人之允許，所為之單獨行為，無效。

民法第79條：限制行為能力人未得法定代理人之允許，所訂立之契約，須經法定代理人之承認，始生效力。

第77、78、79條算是一組。

第77條本文：為（受）意思表示→法定代理人允許。

第78條：未得法定代理人之允許→單獨行為→無效。

第79條：未得法定代理人之允許→契約→須經承認，始生效力。

 第77條的但書很熟，搭配這三條的體系，讓我對限制行為能力人的行為能立體系更清楚了。

不錯喔！內容體系化是記憶方法之一。

 教授繼續、繼續，那80呢？

80，80年代的小孩很愛吹……

 教授，你這樣子……怪怪的……

不要誤會，是催告。

【民法第80條】
Ⅰ 前條契約相對人，得定1個月以上之期限，催告法定代理人，確答是否承認。
Ⅱ 於前項期限內，法定代理人不為確答者，視為拒絕承認。

喔！教授你講清楚一點嘛！這樣子很容易讓人誤會。

讓你覺得誤會，才好記啊！

還真的很好記耶！

81，掰掰。

這什麼意思？

以前MSN聊天說掰掰不都是打881、886，所以81也可以當作掰掰的諧音。

我瞭解，但我是想知道「掰掰」跟第81條的內容有何關聯？

第81條第1項「限制行為能力人於限制原因消滅後，承認其所訂立之契約者，其承認與法定代理人之承認，有同一效力。」掰掰就代表「限制原因消滅」。

【民法第81條】

I　限制行為能力人於限制原因消滅（掰掰）後，承認其所訂立之契約者，其承認與法定代理人之承認，有同一效力。

II　前條規定，於前項情形準用之。

喔！原來是這個意思。那第82條呢？

82，白鵝回家。

【民法第82條】

限制行為能力人所訂立之契約，未經承認前，相對人得撤回之。但訂立契約時，知其未得有允許者，不在此限。

教授，你這是什麼意思？有很色的內容嗎？

你把我當作什麼人，這只是一句很無聊的話，反而能記得起來，回家代表「撤回」啦！
養了白鵝，怕白鵝亂跑，所以每天都要白鵝回家。

教授抱歉，我誤會你的人格了。

=..=

17歲年輕好動之甲，未經法定代理人之允許，以新臺幣（下同）100萬元向乙購買非常炫之追風機車，雙方訂立買賣契約後，甲向乙交付約定之買賣價金100萬元，乙以移轉所有權之意思將機車交付於甲。甲之法定代理人認為追風機車非常危險，故對甲購買追風機車之交易行為均不予以承認。請附理由說明甲是否能取得追風機車之所有權？

甲之法定代理人　甲　　　　100萬元　　乙
　　　　　　　　17歲

【107高考-民法總則與刑法總則】

➡ 擬答

一、　甲是否能取得追風機車之所有權？

（一）甲乙間機車買賣契約：

　　1.限制行為能力人為意思表示及受意思表示：依民法第77條規定，應得法定代理人之允許。但純獲法律上利益，或依其年齡及身分、日常生活所必需者，不在此限。同法第79條規定，限制行為能力人未得法定代理人之允許，所訂立之契約，須經法定代理人之承認，始生效力。

　　2.買賣契約：一方有履行契約之義務，並非純或法律上之利益，且價格高達100萬的追風機車，難謂屬於依其年齡及身分、日常生活所必需者，因此必須由法定代理人事前同意或事後承認。

（二）移轉物權行為：

　　1.交付100萬元價金給乙，應得其法定代理人之承認，未經

　　　承認，不生效力，故乙並未取得100萬元價金所有權。

　　2. 追風機車之物權移轉：甲17歲，限制行為能力人，乙將追
　　　風機車移轉給甲之物權行為，對於甲而言屬於純獲法律上
　　　利益；但因無法律上原因獲有利益，致乙受有損害，應依
　　　民法第179條不當得利返還。

二、結論：甲雖取得追風機車之所有權，惟因買賣契約無效，甲
　　權屬於無法律上原因獲有利益，致乙受有損害，故乙得主張
　　第 179 條之規定向甲請求返還不當得利。

相關考題

限制行為能力人未得法定代理人之允許，所為之法律行為，下列何者為無效？　(A)單獨行為　(B)契約　(C)用詐術使人信其有行為能力　(D)純獲法律上利益之行為 【105四等關務-法學知識】	(A)
6歲的甲向自動販賣機購買了一罐西米露，也喝完了。甲的父母可以代甲主張契約：　(A)有效　(B)無效　(C)得撤銷　(D)效力未定　【99地方特考三等法制-民法】	(B)
甲出售一件洋裝給5歲的乙，甲與乙的買賣契約，效力如何？ (A)有效　(B)無效　(C)效力未定　(D)得撤銷 【99普考財稅行政-民法概要】	(B)
有關行為能力之敘述，下列何者正確？　(A)限制行為能力人，在無意識或精神錯亂中，所訂立之契約無效　(B)無行為能力人得自行接受意思表示，但應由法定代理人代為意思表示　(C)無行為能力人之意思表示，無效。但不得以其無效對抗善意第三人　(D)限制行為能力人用詐術使人信其為有行為能力人或已得法定代理人之允許者，其法律行為無效 【99高考三等財稅行政-民法】	(A)
依我國民法規定，下列何種人有權利能力，而無行為能力？ (A)未滿20歲人　(B)未滿18歲　(C)未滿7歲人　(D)未滿14歲人　【96公務初等一般行政-法學大意】	(C)
甲17歲因對房地產深感興趣，於參觀乙建設公司推出之建案時，向乙謊稱其為年約26歲之竹科新貴，向乙訂購房屋一戶並預付新臺幣1萬元訂金。問：甲、乙之買賣契約效力如何？ (A)有效　(B)無效　(C)效力未定　(D)甲之法定代理人得以甲尚未成年為由撤銷該契約　【97不動產經紀人-民法概要】	(A)

相關考題

甲14歲未得法定代理人同意，所為下列之法律行為，何者無效？ (A)純獲法律上利益 (B)依其年齡及身分、日常生活所需者 (C)單獨行為 (D)契約 【97不動產經紀人-民法概要】	(C)
對於未滿7歲的人，下列敘述何者正確？ (A)不得為契約當事人 (B)不得自行締結契約 (C)不得繼承財產 (D)不得占有動產 【97基層警察-法學緒論】	(B)
6歲小孩得其父母之允許自行至車行購買腳踏車後興高采烈騎回家。其法律關係之效力為何？ (A)買賣契約、物權契約均有效 (B)買賣契約、物權契約均無效 (C)買賣契約有效、物權契約無效 (D)買賣契約無效、物權契約有效 【96調查特考-法學知識與英文】	(B)
依我國民法之規定，未得法定代理人允許所為單獨行為之效力如何？ (A)得撤銷 (B)效力未定 (C)有效 (D)無效 【97基層警察-法學緒論】	(D)
17歲之甲未告訴乙自己尚未成年，而向乙訂購一輛重型機車，請問：該買賣契約之效力為何？ (A)效力未定 (B)強制有效 (C)強制無效 (D)乙得撤銷甲為詐欺之意思表示 【97公務初等-法學大意】	(A)
解析： (D)甲並沒有告訴乙自己尚未成年，並非以詐術為之。	
依民法規定，下列何者有受限制的行為能力？ (A)已結婚之18歲甲男 (B)受監護宣告之40歲乙女 (C)受輔助宣告之60歲丙男 (D)30歲之植物人丁男 【108地特四等-法學知識與英文】	(C)

相關考題

甲18歲，事前未得父母之同意，所為下列之法律行為，何者無效？ (A)單獨行為 (B)純獲法律上之利益 (C)依其年齡及身分，日常生活所必需者 (D)契約 【97鐵公路-民法大意】	(A)
甲出售電視機給17歲的乙，乙的母親丙於3天後承認乙的行為。請問：甲與乙之契約何時生效？ (A)甲與乙訂約時 (B)丙承認時 (C)丙承認10天後 (D)甲與乙訂約1個月後 【96五等地方公務-法學大意】	(A)
甲19歲，變造身分證為20歲，使機車行之乙方相信其有行為能力，而與甲為機車之買賣，該買賣行為效力如何？ (A)有效 (B)無效 (C)得撤銷 (D)效力未定 【100地方特考五等-法學大意】	(A)

重點整理

⊙ 民法第75～85條規定中，有關無行為能力人、限制行為能力人之規定，必須要熟練。

⊙ 撰寫申論題的時候，若對於相關條文不熟悉，或者是發現條文內容無法解決實際狀況時，則應該想到上位概念，也就是從保護無行為能力人或限制行為能力的角度思考。

⊙ 民法第75～85條的規定中，還記得多少記憶方法與相關的內容呢？

10 當事人的行為能力（二）
精神狀況

● 學習提要

> 　　過去稱之為心神喪失、精神耗弱，現在則依據精神狀態的程度，分成「受監護宣告之人」、「受輔助宣告之人」，但何者屬於「受監護宣告之人」？何者是「受輔助宣告之人」？條文的規範相當複雜。
>
> 　　請注意「受監護宣告之人」、「受輔助宣告之人」的例外情況！

● 解說園地

一、受監護宣告之程序

　　舊法的規定為「禁治產人」，但此一用語並不符合新修正之「成年監護制度」，重在保護受監護宣告之人，維護其人格尊嚴，並確保其權益，因此修正名稱為「受監護宣告之人」。

　　舊法「心神喪失或精神耗弱致不能處理自己事務」語意不明確，新修正條文較為複雜，如下：

　　對於因精神障礙或其他心智缺陷，致不能為意思表示或受意思表示，或不能辨識其意思表示之效果者，法院得因本人、配偶、四親等內之親屬、最近1年有同居事實之其他親屬、檢察官、主管機關、社會福利機構、輔助人、意定監護受任人或其他利害關係人之聲請，為監護之宣告。（民§14Ⅰ）

受監護之原因消滅時，法院應依前項聲請權人之聲請，撤銷其宣告。（民§14Ⅱ）

法院對於監護之聲請，認為未達（第14條）第1項之程度者，得依第15-1條第1項規定，為輔助之宣告。（民§14Ⅲ）

受監護之原因消滅，而仍有輔助之必要者，法院得依第15-1條第1項規定，變更為輔助之宣告。（民§14Ⅳ）

二、輔助宣告之程序

對於因精神障礙或其他心智缺陷，致其為意思表示或受意思表示，或辨識其意思表示效果之能力，顯有不足者，法院得因本人、配偶、四親等內之親屬、最近1年有同居事實之其他親屬、檢察官、主管機關或社會福利機構之聲請，為輔助之宣告。（民§15-1Ⅰ）

受輔助之原因消滅時，法院應依前項聲請權人之聲請，撤銷其宣告。（民§15-1Ⅱ）

受輔助宣告之人有受監護之必要者，法院得依第14條第1項規定，變更為監護之宣告。（民§15-1Ⅲ）

三、受監護宣告之人的法律效果

受監護宣告之人，無行為能力。（民§15）

※ **記憶方法：**
受監護之宣告與受輔助之宣告總共四個條文，並沒有設計特別的記憶法，而是分成兩個組合：
民§14+15：受監護之宣告
民§15-1+15-2：受輔助之宣告
如果需要記憶線索，可以用數字圖像卡的醫師（14）聯想：醫師檢驗是否符合受監護還是受輔助之宣告。

四、受輔助宣告之人的法律效果

受輔助宣告之人為下列行為時，應經輔助人同意。但純獲法律上利益，或依其年齡及身分、日常生活所必需者，不在此限：（民§15-2Ⅰ）

（一）為獨資、合夥營業或為法人之負責人。

（二）為消費借貸、消費寄託、保證、贈與或信託。

（三）為訴訟行為。

（四）為和解、調解、調處或簽訂仲裁契約。

✓（五）為**不動產**、船舶、航空器、**汽車**或其他重要財產之處分、**設定負擔**、**買賣**、**租賃**或借貸。

（六）為遺產分割、遺贈、拋棄繼承權或其他相關權利。

（七）法院依前條聲請權人或輔助人之聲請，所指定之其他行為。

第78至83條規定，於未依前項規定得輔助人同意之情形，準用之。（民§15-2Ⅱ）→可以試試之前的記憶法，回憶這些條文的內容。

第85條規定，於輔助人同意受輔助宣告之人為第1項第1款行為時，準用之。（民§15-2Ⅲ）

第1項所列應經同意之行為，無損害受輔助宣告之人利益之虞，而輔助人仍不為同意時，受輔助宣告之人得逕行聲請法院許可後為之。（民§15-2Ⅳ）

受輔助宣告之人的法律效力這類型的條文比較複雜，相較於受監護宣告之人的法律效果只有短短的一個條文，就比較容易成為出題的重點，像是受輔助宣告之人是否可以買汽車？可不可以設定抵押權？

這7款每款的內容又很多細項，只要出其中一個小項，記憶不熟悉的考生在寫申論題的時候，內心就會非常猶疑。建議可以參考過去的出題重點，至少先把重點的部分記起來。

➡ 精神狀態

接著再來討論以「精神狀態」的程度來區分行為能力，分成「受監護宣告之人」、「受輔助宣告之人」；等級蠻類似於無行為能力人、限制行為能力人，只是法律規定比較複雜。初學者，要先從要件與效果開始學起來。

可是第 14、15-1 條有關「受監護宣告」的條文好長，光看就很想放棄，這種題目應該很少考，是不是可以大概看一下，假設真的考出來就認了。

你錯了，這個部分的出題機率蠻高的，大約占 16%，當然很多題目會搭配其他觀念一起考，好好用心準備，且因為條文不多，學說爭議不大，投資報酬率可以說是相當高。

出題率這麼高喔！那可以教我怎麼記憶嗎？

用拆解的方式：
1. 因精神障礙或其他心智缺陷：精障心缺。（簡化口訣法）
2. 「致不能為意思表示或受意思表示，或不能辨識其意思表示之效果者」、「致其為意思表示或受意思表示，或辨識其意思表示效果之能力，顯有不足者」：不能、不足。（簡化口訣法）
3. 法院得因本人、配偶、四親等內之親屬、最近 1 年有同居事實之其他親屬、檢察官、主管機關、社會福利機構、輔助人、意定監護受任人或其他利害關係人之聲請：本配 41 官管社助意害。

看起來還是有些麻煩。

呵呵！這是我目前研究出來的結果，如果有考刑法，最好搭配刑法第19條一起記憶。

【刑法第19條】
Ⅰ 行為時因精神障礙或其他心智缺陷，致不能辨識其行為違法或欠缺依其辨識而行為之能力者，不罰。
Ⅱ 行為時因前項之原因，致其辨識行為違法或依其辨識而行為之能力，顯著減低者，得減輕其刑。
Ⅲ 前二項規定，於因故意或過失自行招致者，不適用之。

教授講解到這邊，可以舉個例子嗎？

可以啊！ 2008年修正通過後，2010年的地特就考出一題。

監護宣告應具備什麼要件？設甲為受監護宣告之人，某日，精神狀態回復正常，惟尚未依法定程序撤銷監護宣告，即自行與乙訂立土地買賣契約，該契約之效力如何？

【102高考-民法總則與刑法總則】

這一題看起來算是簡單，大概把第14、15條以及第75、76條條文內容整理編寫出來即可。

沒錯，差不多這樣子即可。難度不高，題目內容稍微難一點的部分，就是監護宣告尚未撤銷前，精神狀況已經回復正常，是否即可與人訂定買賣契約。

那這個部分該如何處理呢？

成年人之監護與輔助並非規定在民法總則，而是規定在親屬篇中第1110條至第1113-1條，規定被監護人的財產必須列出財產清冊。

此外，依據土地登記規則第39條規定，監護人代理受監護人或受監護宣告之人購置或處分土地權利，應檢附法院許可之證明文件。

本題只是訂立土地買賣契約，僅為債權行為，並未為移轉所有權之土地登記，只需要當事人雙方意思表示一致即可，但因為受監護人無行為能力，當事人、意思表示、標的中的當事人要件不完備，故不生效力。

實際上有無受監護之情況尚難判斷，從保護受監護宣告人的立場，在未受法院撤銷宣告前，應認為不生效力。

瞭解，教授講解得很清楚。

還有一些是法律制度變動時的考題，主要是考你為何要修法，如次頁考題：

民國97年民法總則編修正，為何廢止禁治產制度，而導入成年人監護制度？又，「監護之宣告」與「輔助之宣告」，兩者宣告之實質要件有何不同？　　　　　　　　　　【99三等地特-民法總則與親屬編】

哇！那還真的是要熟背。不過隔了這麼久，還會再出類似的考題嗎？

修法隔了一段時間，當然出這種考題的機率就逐年降低，不過還是會考很多小細節。舉個例子：

甲為受輔助宣告之人，在未知會任何人之情形下，將其僅有之A屋出租乙，收取租金作為生活費，試問該租賃契約之效力如何？
【99三等地特-民法（包括總則、物權、親屬與繼承）】

這題考好細喔！我沒有仔細背過第15-2條，需要背嗎？

如果能背起來當然好，但至少要記得第15-2條第1項第5款規定：「為不動產、船舶、航空器、汽車或其他重要財產之處分、設定負擔、買賣、租賃或借貸。」→應經輔助人同意

感覺好難記憶喔！一定要背嗎？

很多條文是不需要一字不漏地記起來，考試的重點是寫不寫得出來，例如這一題的考題是有關不動產出租，並不是把法條背出來即可，寫法要調整一下，參考如下：「不動產出租契約之意思表示，依據民法第15-2條第1項第5款規定，應經輔助人之同意。未得法定代理人之同意，依據同條第2項規定，準用第78條至第83條之規定。」

 原來條文的寫法並非一字不漏地背出來。

相較於一字不漏地把法條背出來，這樣子的寫法分數可能更高。
打鐵趁熱，本章最後面還有分享條文如何撰寫的方式，記得要參考一下喔！
還有一些是考監護宣告的效力，舉個例子：

甲為A地所有人，於民國100年8月5日受監護宣告，在同年8月8日與乙訂立A地買賣契約，出售A地。甲的監護宣告於10月5日被撤銷，而於10月8日辦理A地所有權移轉登記於乙。試以本例說明物權行為獨立性及無因性理論、甲與乙間各個法律行為的效力、及甲如何向乙主張權利。

【101三等原民-民法總則與刑法總則】

這一題還蠻有趣的，一堆日期時間，讓人看得有些頭暈。

不難，日期主要是讓訂定買賣契約時的債權行為無效，辦理所有權移轉登記的物權行為因為撤銷監護宣告而有效，所以主要是考物權行為是否會因為債權行為無效而受到影響，也就是如題目所言，考試重點是物權行為獨立性及無因性理論。

8/5 宣告	8/8 買賣契約	10/5 撤銷	10/8 交付
	無行為能力		有行為能力

有一點難，連物權的基本題目也要會，總則考的範圍還真不少。

除此之外，還有一些是搭配親屬編的考題，這類型的考題通常是「戶政」的考題，因為其考試科目為「民法總則與親屬編」。

（瞪大眼睛）可以舉個例子嗎？

好的，例如下面這一題，未成年人得否訂定夫妻財產契約，牽涉到舊法第1006條仍須法定代理人同意之規定被刪除。

未成年人或受監護宣告之人，得否訂立夫妻財產制契約？是否應得
法定代理人之同意？

【101三等地特戶政-民法總則與親屬編】

這一題的寫法要分成未成年人得否訂定夫妻財產
制契約，與監護人得否訂定夫妻財產制契約等部
分，雖然我們現在在討論監護人，不過也順便講
一下未成年人的部分，你可以列大綱如下：

一、未成年人：婚前，限制行為能力人，應得法定代理人之同意。
二、受監護宣告之人：民法§15+75+76，無行為能力，應由法定代
　　理人代為意思表示。

剛好前面才向教授學習民法第15、75、76
這三條條文，才練習過，馬上就可以解決
考題。

沒錯，這就是「模組」的概念。寫申論題與練武術
有異曲同工之妙，拆招練習（模組）一陣子，當別人
出拳打你臉時，你要如何擋住並回擊；當別人側旋
踢時，你又該如何躲開並回擊，反覆練習一百次、
一千次，接著丟進去擂台實戰打個一兩次；實戰之
後就會發現問題，再回頭把缺點改正，持續練習拆
招，再進去實戰打幾次，反覆實施，實力大概就差
不多了。（可參考本章後面所介紹的法條結構）

那等下我立刻練習寫一下。
還有什麼題目有超出民法總則的條文呢？

通常就是親屬編有關於「成年監護」的部分。
舉個例子：

甲受監護宣告，法院指定甲之已成年之子乙為監護人。乙為支付甲之醫療費用，代理甲將甲之房屋及屋中甲之古董出賣於丙，並交付之。試問：乙所為之代理行為效力如何？

【101三等地特戶政-民法總則與親屬編】

這是地特戶政的考科，因為該考科並非只民法總則，還有親屬編，所以常常會看到一些親屬法的考題。我認為就瞭解一下重點也無妨。

哇！真的有「成年人之監護及輔助」，規定在第1110條至第1113-1條（翻法典）。老師，我只有考民法總則，怎麼會考到親屬編呢？這樣子我要準備相關規定嗎？

是的，所以這一題一樣有第15+75+76條三條規定。然後分成兩個部分討論，其一為代理出賣房屋，其二為代理出賣古董的部分。（參照右頁重點摘要）

➡ 答題關鍵點（以下答題僅提示重點）

一、乙代理出賣甲之房屋部分

（一）先提到基本法律關係第15+75+76條三條規定。並提到甲受監護宣告，由其子乙為監護人，屬於成年人監護之情況。

（二）再提及第1113條準用未成年監護，亦即不動產之出賣，準用第1101條第2項第1款規定：「監護人為下列行為，非經法院許可，不生效力：一、代理受監護人購置或處分不動產。」非經法院許可，不生效力。

二、乙代理出賣甲之古董部分：

（一）基本法律關係第15+75+76條三條規定，前面已經提過，可以省略。

（二）提到古董準用第1101條第1項規定：「監護人對於受監護人之財產，非為受監護人之利益，不得使用、代為或同意處分。」

註：1.如果版面很寬鬆，可以採行以三段論的寫法，先列出條文重點（大前提），接著描述乙為了支付甲之醫療費用，才處分該古董（前提），故依據本項規定，自得將古董出賣於丙（結論）。

　　2.如果版面已經寫很多了，則可以直接描述乙為了支付甲之醫療費用，才將該古董賣予丙，屬於對受監護人利益之處分，依據第1113條準用未成年監護第1101條第1項規定，得代為處分。

➡ 條文撰寫技巧

教授解釋得好清楚，我要自己來練習寫一次了。

條文只是一種炒菜的原料，菜要炒得好，一定要加入其他素材，如果照抄條文，就好像是把原料直接放在桌上原始呈現。你想想看，如果直接把胡蘿蔔放在餐桌上，有人會說你做的菜很好吃嗎？

不會有人真的把還沒料理過的胡蘿蔔放在桌上吧！

很多人考試的時候，一看到題目，就把自己背過的條文從頭到尾寫出來，閱卷老師看了之後都傻眼了，不知道這是背條文比賽，還是在回答考題！？

我好像也有這樣子的毛病，那該怎麼改正呢？

首先，我們要來熱身運動。

熱身運動，那我要站起來嗎？

不必，只要讓腦袋思考一下，學習一些法條撰寫的招式。
第一式，順序調整法：把條文順序調整一下，讓條文看起來更順暢。
　　第15條：「受監護宣告之人，無行為能力。」
　　　　A＝ B（構成要件）＋ C（法律效果）

那要怎麼改呢？

很簡單：
受監護宣告之人，依據第15條規定，無行為能力。
B（構成要件）＋ A ＝ C（法律效果）
換言之，當B此種情形發生的時候，依據A的規定，會產生C的效果。

看起來不難耶！這樣子寫有什麼好處呢？

直接抄寫法條，A=B+C的結構，就像是把還沒料理過的胡蘿蔔放在桌上，效果並不好，且加上前後引號，引號內的文字必須一字無誤，但一般來說沒辦法記得那麼清楚。

我瞭解了，稍微變換一下造型就對了。

是的，讓我們再來多練習幾條，寫到第15條，通常會接著列出第75條前段：「無行為能力人之意思表示，無效。」

無行為能力人之意思表示，依據第75條前段為無效。

很好！接著再把相關的條文結合在一起，第76條：「無行為能力人由法定代理人代為意思表示，並代受意思表示。」

無行為能力人，依據第76條規定，由法定代理人代為意思表示，並代受意思表示。

三個條文一起寫，要怎麼寫呢？

是不是這樣子：
「受監護宣告之人，依據第15條規定，無行為能力。無行為能力人之意思表示，依據第75條前段之規定為無效。無行為能力人，依據第76條規定，由法定代理人代為意思表示，並代受意思表示。」

這……（笑）。雖然看起來沒有錯，但重複的話比較多，可以再省略一些文字。

那該怎麼寫？

很簡單，省略重複的部分，如下：

受監護宣告之人，依據第15條規定，無行為能力。另依據第75、76條規定，無行為能力人之意思表示無效，而應由法定代理人代為意思表示，並代受意思表示。

還可以再省略嗎？

也可以，舉個例子：

受監護宣告之人，依據第15、75、76條規定，屬於無行為能力，其意思表示無效，而應由法定代理人代為意思表示，並代受意思表示。

又變短了一點。可是我很擔心上考場時都寫不出來。

其實我比較喜歡倒數第二種，因為把三個不同的條號放在一起，感覺太擠了，反而沒有美感。以行為能力為主題的題目很常見，多練習幾次就熟了，以後我再慢慢教你其他招數。

那有其他方式嗎？

我們以剛剛的第15條為例：
第15條：「受監護宣告之人，無行為能力。」
A ＝ B（構成要件）＋ C（法律效果）
還可以改寫成這樣：
受監護宣告之人，無行為能力，民法第15條有明文規定。
B（構成要件）＋ C（法律效果） ＝ A

這種看起來也蠻有程度的。但我覺得每次都要寫「民法第XX條」耗費很多時間，有其他的方法可以解決嗎？

可以參考這樣子的格式：
受監護宣告之人，無行為能力。（民§15）
B（構成要件）＋ C（法律效果） ＝ A

這樣子可以嗎？會不會被扣分。

 國家考試主要是考學生的邏輯思考方式，閱卷老師應該都不會一板一眼，給分的彈性很高，所以這樣子的方式應為可行。

甲因精神障礙，受輔助宣告，於心智清醒時，未經輔助人允許，妄以授權書將代理權限授與給乙。假設乙無過失不知甲受輔助宣告，以甲之代理人名義與善意之丙訂立買賣契約，以新臺幣（下同）1000萬元出售甲所有之A地於丙，並將A地所有權移轉登記於丙。丙向銀行貸款1000萬元，於訂立買賣契約時交付予乙，因此支付利息10萬元及代書費用5萬元。嗣後，丙與丁訂立買賣契約，將A地賣給丁，雙方約定買賣價金1600萬元。甲之輔助人發現後，主張甲是受輔助宣告之人，其代理權授與行為無效，並拒絕承認乙之無權代理行為，乙與丙訂立契約之效力不及於甲。請問丙得主張何種權利？

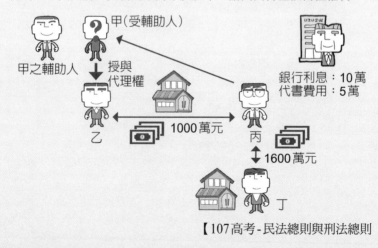

【107高考-民法總則與刑法總則

➡ 擬答

一、丙得主張權利：

　(一)甲乙丙之關係：

　　1.受輔助宣告人就不動產之處分、設定負擔、買賣：依據民法第15-2條第1項第5款規定，應經輔助人同意。未得同意者，依同條第2項準用第78條之規定，限制行為能力人未得法定代理人之允許，所訂立之契約，須經法定代理人之承認，始生效力；即便受輔助宣告人行為之時心智清醒，亦同。

　　2.授與代理權：因為代理直接對本人發生效力，民法第103條有明文規定，故受輔助宣告人就不動產之處分、設定負擔、買賣應經輔助人同意之規定，解釋上自然包括授與代理權與他人。

　　3.本題中，甲受輔助宣告，即便心智清醒亦同，但仍屬受輔助宣告之人，乙為無權代理，其輔助人不願意承認其授與代理權給乙，進而與丙交易A地買賣行為之行為，故授與代理權與A地買賣行為均屬無效；因非無權處分，故丙不得主張善意取得。

　(二)無權代理之責任：

　　1.無代理權人，以他人之代理人名義所為之法律行為，依民法第110條規定，對於善意之相對人，負損害賠償之責：實務上認為無權代理人之責任屬於特別責任，不以無權代理人有故意或過失為其要件，係屬於所謂原因責任、結果責任或無過失責任之一種。(最高法院56年台上字第305號判決)

　　2.無權代理人乙無故意或過失，仍應負無權代理人之責任。

　　3.請求範圍：應包含信賴利益與履行利益之損害賠償，本案丙就支付利息10萬元、代書費用5萬元以及轉售價差600萬元之履行利益，均得主張之。

二、結論：雖甲受輔助宣告人之法律行為無效，丙得主張乙之無權代理之責任，請求利息10萬元、代書費用5萬元以及轉售價差600萬元之賠償。

重點整理

⊙「受監護宣告之人」的規定為第14、15條。受監護宣告之人，無行為能力。(民§15)

⊙「受輔助宣告之人」的規定為第15-1、15-2條。受輔助宣告之人，為特定行為時，應經輔助人同意。(民§15-1Ⅰ)例如買賣、租賃房子，均屬之。

⊙ 成年人之監護，依據第1113條規定，「成年人之監護及輔助」未規定之部分，準用關於未成年人監護之規定，例如本章節的實例題中，準用第1101條第1項，監護人對於受監護人之財產，非為受監護人之利益，不得使用、代為或同意處分；以及準用第1101條第2項，監護人代理受監護人為處分不動產，非經法院許可，不生效力。

11

當事人的化身
代理人、代表人、使者

● 學習提要

> 代理、代表與使者概念的區分是基本題型，接著會考一些代理的效力。代理與限制行為能力人概念的整合型考題，也是常見的變化型考題。
>
> 無權代理、自己代理、雙方代理、表見代理都是變化型的考題，有些會涉及到債編總論，還有一些會搭配親屬編的考題。

● 解說園地

一、代理

代理，是指代理人於代理權限內，以本人名義所為之意思表示或受第三人之意思表示，其效力直接對本人發生效力。（民§103）代理權之消滅原因，包括「授與法律關係終了」（民§108Ⅰ）、「代理權撤回」（民§108Ⅱ），及「代理人或本人死亡或喪失行為能力」。

二、代表

代表是法人的機關，與法人是一個權利主體關係，其所為之行為，就視為法人本人自己的行為，此與代理則是兩個權利主體間的關係，有所不同。代表人所為之行為，不論為法律行為、事實行為或侵權行為，均為法人的行為；代理人僅得代為法律行為及準法律行為。

三、使者

使者為**傳達**本人**已決定之意思表示**，屬於表示**機關**。與代理不同之處，在於代理是代理人自為意思表示，而非代為表示本人已經決定之意思表示。使者無須有行為能力，因為無須自己為意思表示，有點兒像是傳聲筒，意思表示有無錯誤、詐欺、脅迫等情事，應就本人決定。

四、間接代理

間接代理，是指基於特別法律關係，以自己名義，為本人計算，而為法律行為，例如行紀。間接代理只有兩面關係，其一為間接代理人與相對人，其二為間接代理人與本人。本人與相對人並無直接關係。

五、有權代理

有權代理有兩種，一為「意定代理」、一為「法定代理」，例如民法第1003條夫妻日常家務代理人、第1086條父母為未成年子女法定代理人，但是身分行為的代理不被允許，如：早期的指腹為婚風俗。

隱名代理，代理人雖未以本人名義或明示以本人名義為法律行為，惟實際上有代理本人之意思，且為相對人所明知或可得而知者，自仍應對本人發生代理之效力。（最高法院92台上1064判決）

如果你這一胎是女兒，就當我媳婦，親上加親！

六、無權代理

可分成狹義無權代理與表見代理。

狹義無權代理：無代理權人以代理人之名義所為之法律行為，非經本人承認，對於本人不生效力。（民§170Ⅰ）。民法第110條：「無代理權人，以他人之代理人名義所為之法律行為，對於善意之相對人，負損害賠償之責。」

表見代理：是指由自己之行為表示以代理權授與他人，或知他人表示為其代理人而不為反對之表示者，對於第三人應負授權人之責任。但第三人明知其無代理權或可得而知者，不在此限。（民§169）

七、自己代理與雙方代理的禁止

自己代理，是指代理人為本人與自己而為法律行為，例如某甲代理某乙銷售一台中古車，某甲認為該車的車況不錯，遂自行買入。自己代理的效力並非當然無效，而是屬於無權代理行為，須經本人之承認，始生效力。

雙方代理，是指代理人同時身兼本人與第三人之代理人，而代理為雙方間的法律行為。例如某甲代理某乙在網路上賣化妝品一箱，又為某丙之代理人，購買該箱化妝品。

「代理人非經本人之許諾，不得為本人與自己之法律行為，亦不得既為第三人之代理人，而為本人與第三人之法律行為。但其法律行為，係專履行債務者，不在此限。」此為民法第106條有關雙方代理禁止之規定。

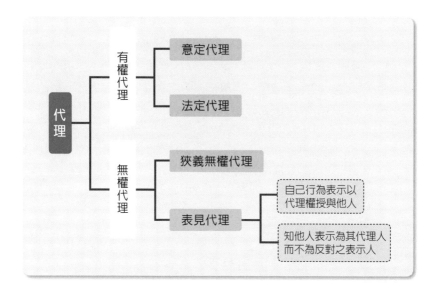

以甲授權乙為代理人，並與丙簽定動產買賣契約為例，如圖示：

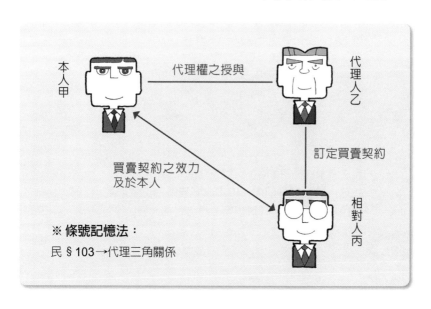

八、其他名詞：代位權

債務人怠於行使其對第三人的權利時，債權人為了保全其債權，代位行使債權人之權利。依據民法第242條規定：「債務人怠於行使其權利時，債權人因保全債權，得以自己之名義，行使其權利。但專屬於債務人本身者，不在此限。」

當事人的部分，從權利能力、行為能力，還有一個重點——就是本人的化身。

 化身，還是變身？

化身，因為本人還是不變。就如同上天派了個使者到地球來。民法總則上大概有三種態樣，分別是代理人、代表人，以及使者。
比較重要與常考的部分是代理。

這個我大致上背得起來，基本條款如下：
民法第103條第1項規定：「代理人於代理權限內，以本人名義所為之意思表示，直接對本人發生效力。」
第103條第2項：「前項規定，於應向本人為意思表示，而向其代理人為之者，準用之。」
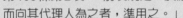

那我們先來條文的運用，依據之前所學的條文撰寫法，民法第103條第1項，可以改寫成：
代理人於代理權限內，以本人名義所為之意思表示，依據民法第103條第1項規定，直接對本人發生效力。

 我想起來了，這是之前所講的順序調整法。

沒錯，很棒喔！接著我們再介紹重要的條文。

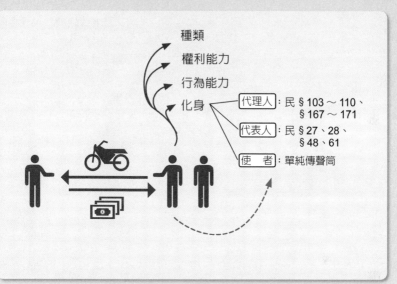

接著我們來看民法第104條：「代理人所為或所受意思表示之效力，不因其為限制行為能力人而受影響。」關鍵字是「限制行為能力人」，103已經定位好了，我們記得4，死（4）小孩，代表限制行為能力人。

咦！我怎麼沒想到用4來記憶，每次我自己都會忘記第104條規定的內容，以後應該可以很快地複習。

限制行為能力人為代理行為的考題很常見，接著來練習一下考古題。

甲17歲，高職剛畢業，未得法定代理人允許，受僱為乙建設公司之職員，奉公司之命，代理公司與丙簽訂房屋買賣契約，請問：

一、甲、乙間之法律關係如何？

二、乙、丙間買賣契約之效力如何？

【102高考-民法總則與刑法總則】(修改為17歲)

這一題看起來不難耶！第一小題是討論甲、乙兩人間的法律關係，從這一題來看，就是討論兩個重點：

1. 僱傭契約未經法定代理人允許之效力與該如何依據民法處理；

2. 授與代理權無因性的問題。

想不到已經有程度囉，那就寫寫看第一個小題吧！

哈！教授在旁邊指導，我可不怕練習寫申論題，還請教授多指教。

首先，寫僱傭關係……

滿7歲以上之未成年人，依民法（下同）第13條第2項之規定，有限制行為能力。限制行為能力人為意思表示或受意思表示，應得法定代理人之允許。（民§77本文）。未得法定代理人之允許所訂定之契約，依第79條規定，須經法定代理人之承認，始生效力。

這樣子寫差不多了。

可是當我寫到第77條本文的時候，但書兩種情況：1.純獲法律上利益，2.依其年齡及身分、日常生活所必需。這需要寫出來嗎？

考試的時間有限，很多事情是一種取捨，如果有時間寫當然就討論，如果時間不夠，比較外圍的爭論就先撇開不論。

本題，僱傭契約當然不是純獲法律上利益，比較有問題者，是否屬於「依其年齡及身分、日常生活所必需」；換言之，17歲高職剛畢業，找個工作賺錢，是否該當「依其年齡及身分、日常生活所必需」？你認為呢？

這個好難想，但很多未成年人都已經在社會上工作，以貼補家用或者是養活自己，即使沒有畢業的學生也會去打工，感覺已經是日常生活所必需。

確實是這樣子，而且王澤鑑老師也說從寬認定。但如果是這樣子，那這題也沒什麼好寫的，因為這一題的重點應該是代理無因性的探討，如果已經不需要法定代理人的允許，僱傭契約行為有效，後面就不必探討代理無因性。

所以，即使要寫，只要一語帶過即可，例如17歲高職剛畢業找工作賺錢，依目前社會通念，尚難謂非第77條但書「依其年齡及身分、日常生活所必需」。惟受僱為勞工易受到詐騙，也容易衍生糾紛，從保護限制行為能力人之立場，仍應認為不該當「依其年齡及身分、日常生活所必需」之要見。換言之，應得法定代理人之承認。

然後繼續往下討論……

可是這樣子要寫很多字，考試時間很短來得及嗎？

這些衍生性的討論，可以作為平常練習之用，在考場上則要取捨是否要寫或可以再省略一些。

那請問教授，未得法定代理人事前允許或事後承認，後續的相關規定要寫嗎？

如果版面夠，當然是寫會比較完整。只是要寫的東西蠻多的，如果不是跟題目要考的內容很相關，通常可以省略。如果真的要寫，可以這樣子寫：
「乙公司得定1個月以上之期限，催告法定代理人是否承認。（第80條第1項）」
第81條的部分比較沒有太直接的關聯，所以不必寫。
第82條的部分，如果有空間的話可以參考下列的寫法：
「乙公司於法定代理人未承認前，若未知其未得允許者，得撤回訂定僱傭之意思表示。（民法第82條）」

原來如此，條文不必一字不動地照抄，而是要看題目作適度的轉換。還有，如果沒什麼內容可以寫的話，其實多記憶一些法條內容，可以延伸論述的東西倒也不少。
接著，論述代理權的部分，我想到的部分就是第103、104條規定，以及代理權行為無因性的討論。

是的。這一題的考試重點應該就是代理授與無因性的探討，也就是雇傭契約不生效力，乙丙間買賣契約是否受到影響。但如果要延伸下去討論，還是蠻多可以寫的，你認為還有哪些內容可以補充呢？

教授，讓我翻一下法條……（翻閱法典中）
有了，如果採取有因說，則有民法第110條無代理權人賠償責任之探討。

這個部分在探討代理授與無因性，因此本來就應該討論有因說。

(抓頭)這樣子喔！那我再翻一下(翻閱法典中)有了，如果採取有因說，則會有民法第170條本人承認的問題，以及第171條相對人於本人未承認前之撤回權。

※ 記憶方法：

171，「七一記憶」陳老師的記憶學校要花七億太貴了，撤回。

很好，但通說也是採取無因說，所以這題的答案應該是採取無因說，所以不必寫到第170、171條。

那不就沒啥好討論的，還讓我翻那麼多法條。

多翻總是有益，別那麼懶惰。

(撰寫中)教授，我寫好了，請指導！(如次頁)

➡ 擬答

一、甲乙間之關係

（一）僱傭契約關係

1. 滿7歲以上之未成年人，依民法（下同）第13條第2項之
規定，有限制行為能力。限制行為能力人為意思表示或
受意思表示，應得法定代理人之允許。（第77條本文）。
未得法定代理人之允許所訂定之契約，依第79條規定，
須經法定代理人之承認，始生效力。

2. 17歲國中畢業找工作，依目前社會通念，尚難謂非第77
條但書「依其年齡及身分、日常生活所必需」；惟社會求
職過程中也不少詐騙風險，容易衍生勞資糾紛，從保護
限制行為能力人之立場，仍應認為不該當第77條但書；
換言之，僱傭契約仍應獲得法定代理人之承認始生效力。

3. 甲17歲，為限制行為能力人。本題，甲受僱為乙建設
公司之職員，僱傭契約未得法定代理人允許，依上開規
定，未得法定代理人之承認前，不生效力。

（二）授與代理權

1. 代理人所為或所受意思表示之效力，依第104條規定，
不因其為限制行為能力人而受影響。蓋因代理之效力，
依第103條規定，直接歸屬於本人，對限制行為能力人
並無不利，屬中性行為，故亦得為之。本題，甲為限制
行為能力人，乙公司授與甲代理權並不受到影響，甲仍
得為代理人。

2. 代理權授與行為是否受到基本法律關係不生效力之影
響：
學說上向有無因說與有因說之論，有因說主要是依民法
第108條規定；此外，學說有從(1)代理屬中性行為、
(2)有助於交易安全、以及(3)若採有因說將使得代理權
歸於消滅時，讓代理人負第110條無權代理之責，對限
制行為人並不利等論點，而採無因說，殊值肯定。

3. 本題，若法定代理人不承認其僱傭契約，代理權授與甲之行為
並不受到影響。

600個字字數ok，但第二小題看起來不難，所以字
數應該是可以接受，三段論法也寫得很好。

因為上開題目的第二小題比較簡單，請
自行再練習。接著，來看看其他的考題。

甲無權代理乙向丙買受土地一筆，價金新臺幣（下同）600萬元，但
乙拒絕承認該契約，丙因此受有損害50萬元，有無權利請求損害賠
償？
於乙拒絕承認後，丙得否主張其為出賣人，請求甲給付600萬元價
金？　　　　　　　　　　　　　　【100三等地特戶政-民法總則與親屬編】

這一題的考點不難，你知道是考什麼嗎？

第一個是第110條的損害賠償責任，內容的重點可以這
樣子寫：
大前提——無代理權人，以他人之代理人名義所為之法
律行為，依民法第110條規定，對於善意之相對人，負
損害賠償之責。此即無權代理人損害賠償責任之規定。
小前提＋結論——甲無權代理乙向丙買受土地一筆，事
後乙拒絕承認該契約，丙受有50萬元損害，丙自得依
上開規定向甲請求損賠償。

※ **記憶方法**：110，警察→抓無代理權人。

寫得很好，也沒有什麼太大的問題，小前題可以與結論寫在同一段。看你的程度，已經可以下山自立門戶了。

教授，您可別嚇我啊！
我可是希望學成再下山，即使不下山，能陪在您身邊，那都沒有關係。

哈！言歸正傳，第二個問題怎麼解答？

（思考中）不知道該寫什麼耶！代理不是歸屬於本人，乙既然拒絕承認，怎麼可能變成丙為出賣人，答案是否定。

你想的方向是正確的，但問題是要如何寫成一個漂亮的解答？

首先要有菜。
以前總舖師只準備做菜用的工具，邀請其做菜的顧客無論拿了什麼菜請他煮，他就要有能力將這些食材變成好吃的佳餚。同樣地，出題者可能出了一道題目，你就要將現有腦袋的知識加以整合，變成一個很漂亮的解題。
這一題還要知道一個實務見解：
「無代理權人以本人名義所為法律行為，僅發生其法律行為之效果，是否對本人發生效力之問題，並不因本人之否認，而使原法律行為之主體發生變更，成為該無代理權人之行為。（69台上3311）」

可是我想不太出來腦袋中有什麼菜……不是，我是說腦袋有什麼可以解題的知識。

好吧！假設這個土地買賣契約成立，約束了誰？

當然是乙、丙之間囉！

很好，那為什麼只在乙、丙之間呢？

因為乙丙兩人是契約當事人，若乙丙雙方意思表示合致，契約即可成立（民§153Ⅰ），兩人即受到契約的約束。

那無權代理人甲是當事人嗎？

不會，即使乙承認，當事人還是乙，代理人甲只是一個協助本人完成一定法律行為，以因應現代分工社會的制度，效力是歸屬於本人乙。（民§103）

不錯喔！代理人是中性行為，所以契約最後還是在乙與丙之間發生，而不會擴及到無權代理人甲，代理行為即使是限制行為能力人亦可為之規定。（民§104）

那論述這些就夠了嗎？

你可以把剛剛講的實務見解拿來寫:「無代理權人以本人名義所為法律行為,僅發生其法律行為之效果,是否對本人發生效力之問題,並不因本人之否認,而使原法律行為之主體發生變更,成為該無代理權人之行為。」(69台上3311)

※ 記憶方法:

實務見解摘要:本人否認,主體不會發生變更。

記憶:69轉換,女女(33)不會變成男男(11)

之前曾經試過一種,但不太好記。

三峽牛角(諧音69)無權代理,女的還是女的(33),男的還是男的(11)

此外,69在數字圖像卡中是以諧音「牛角」來代替→牛角麵包。

可以想像成三峽很多間以牛角麵包為名,但真正的老店只有一家,其他間表示是老店授權,但其實沒有授權。

以後各位在唸到表見代理,就想到三峽牛角麵包很多假的老店,69→169,老店不為否認,也要負責。

雖然不好記,但是方法就是不斷地調整,會找到更好記的素材。

可是這麼多的內容我記不起來耶!

實務見解並不需要一字不漏地寫出來,而是抓出重點,這一號判例的重點可以改寫成下面的格式。

「實務見解認為,無權代理人以本人名義所為的法律行為,經本人否認,法律行為之主體並不因而變更為無權代理人所為。」(69台上3311)

> ※ **記憶方法：**
>
> 108，「代理權之消滅，依其所由授與之法律關係定之。」
>
> 消滅梁山泊108條好漢。

➡ 表現代理的有趣對談

（以下趣味對談與政治無關）

記　者：主席，您授與柯文哲先生競選旗幟，這代表他將代表民進黨
　　　　參選臺北市長嗎？

黨主席：不可能，因為他沒參加民進黨，無法代表本黨參選。

記　者：那……您授旗的行為是……

（由自己之行為表示以代理權授與他人）

記　者：馬總統，請問金浦聰是您選戰的操盤手嗎？他每件背心上都
　　　　繡著一個「馬」字……

馬總統：（傻笑）

記　者：那就是你的代理人囉！

（知他人表示為其代理人而不為反對之表示者）

【表現代理的規定】

【民法第169條】

由自己之行為表示以代理權授與他人，或知他人表示為其代理人而不
為反對之表示者，對於第三人應負授權人之責任。但第三人明知其無
代理權或可得而知者，不在此限。

民法總則

甲欲出售其已經使用半年的A牌手機一支，乙知悉後表明有意購買，並同時對甲表示授與代理權予17歲之丙，由丙全權處理手機買賣事宜。乙將此事告知丙並委託丙處理，在代理權的部分則限制丙僅於新臺幣2萬元之範圍內得代理乙為法律行為，丙在其法定代理人丁不知情下表示同意。若丙代理乙與甲締結手機之買賣契約，以新臺幣2萬5千元之價格成交，試說明：甲、乙、丙、丁間之法律關係。
【109高考-民法總則與刑法總則】

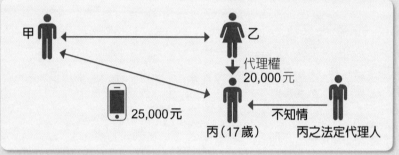

➡ 擬答

一、乙丙丁間法律關係：

（一）代理人於代理權限內，以本人名義所為之意思表示，依據民法第103條第1項規定，直接對本人發生效力；另依據民法第104條規定，代理人所為或所受意思表示之效力，不因其為限制行為能力人而受影響。蓋因代理屬於無損益中性行為，類推適用民法第77條但書規定，無須法定代理人事情同意或事後承認即得為之。

（二）本案丙17歲，屬於限制行為能力人，雖法定代理人不知道其為代理行為，但仍不影響代理權之行使。

二、甲乙丙間法律關係：

（一）逾越代理權的部分：代理權之限制及撤回，不得以之對抗

善意第三人。但第三人因過失而不知其事實者，不在此限，民法第107條有明文規定：本案中，乙授予丙在2萬元的範圍內向甲買手機，甲並不知道代理權有所限制，應負民法第169條「表見代理」之責，不得對抗善意之甲；反之，甲若有過失不知其事實或故意之情形，丙逾越權限之部分為無權代理，依據民法第170條第1項規定，非經本人承認，對於本人不生效力。

（二）無權代理之責任：依據民法第110條規定，無代理權人，以他人之代理人名義所為之法律行為，對於善意之相對人，負損害賠償之責；只是限制行為能力人之所以得為代理行為，係因為其屬於無損益中性行為，若又讓其負擔無代理權人之責任，顯然對於限制行為能力人之保護有所缺漏，故本條解釋上應不包括限制行為能力人之無權代理。

（三）丁應依民法第187條規定負限制行為能力人侵權行為之法定代理責任。

【解題說明】

　　考題詢問的方式為「甲、乙、丙、丁間之法律關係」，因此必須一層一層的把法律關係釐清，最核心內層的法律關係為甲乙丙的代理關係，接著丙之所以代理乙，前提在於丙是未成年人，未經法定代理同意或承認是不是可以當乙的法定代理人？

相關考題

關於有權代理，下列敘述何者錯誤？ (A)代理行為所生法律關係之當事人為本人與相對人 (B)代理行為的效力直接歸屬本人 (C)有效的代理權授與，應經代理人同意 (D)代理權的限制，不得對抗善意第三人 【105三等警察-法學知識與英文】	(C)
甲授權乙為其承租房屋，乙適有A屋欲出租，甲並不知情，乙便以甲之名義與自己訂定為期2年之租賃契約。則此一租賃契約效力如何？ (A)自始有效 (B)自始無效 (C)甲得撤銷該契約 (D)效力未定 【100地方特考三等-民法】	(D)
甲代理其17歲的兒子乙，與自己訂立買賣契約。該買賣契約的效力如何？ (A)有效 (B)無效 (C)效力未定 (D)得撤銷 【100地方特考四等-民法概要】	(C)
下列關於民法上代理制度的敘述，何者正確？ (A)法律行為與事實行為均可委由他人代理為之 (B)限制行為能力人亦可為他人之代理人 (C)民法上僅承認意定代理 (D)身分行為可委由他人以自己名義代為 【100地方特考四等-法學知識與英文】	(B)
下列何種行為允許代理？ (A)繼承 (B)占有 (C)未滿7歲之人被收養 (D)毀損他人之物 【96五等地方公務-法學大意】	(C)

相關考題

關於民法上的「代理」，下列敘述何者錯誤？　(A)限制行為能力人亦得為代理人　(B)代理人必須以本人名義為意思表示　(C)未受委任之無權代理一律無效　(D)同一個本人可以有數個代理人，其代理行為原則上應共同為之 【98四等基層警察-法學緒論】	(C)
乙無代理權，卻以甲之代理人的名義與丙締結契約，則該契約之效力為何？　(A)有效　(B)無效　(C)得撤銷　(D)效力未定 【97初等人事經建政風-法學大意】	(D)
甲無代理權，擅自以乙之名義向丙購買汽車一部，則下列選項何者正確？　(A)若丙善意，買賣契約對甲生效　(B)須乙承認，買賣契約始對乙生效　(C)不論乙是否承認，丙可向甲請求損害賠償　(D)不論乙是否承認，買賣契約皆對乙生效，但丙可向甲請求損害賠償　【96公務初等一般行政-法學大意】	(B)
甲夫將其蓋有本人私章及其所有房屋之出售空白合約，交由其妻乙向丙簽訂買賣房屋契約及收取定金，則：　(A)甲可以主張乙為無權代理而對抗丙　(B)甲可以主張乙為越權代理而對抗丙　(C)甲可以主張乙為無權處分而對抗丙　(D)乙為表見授權因此甲無法對抗丙　【97消防不動產-民法概要】	(D)
下列關於代位權之敘述，何者錯誤？　(A)債權人係以自己名義行使　(B)債權人因行使代位與第三人之訴訟，其判決結果及於債務人　(C)第三人不得以債權人之抵銷抗辯對抗債權人　(D)行使之結果，其利益直接歸屬債權人 【96五等地方公務-法學大意】	(D)
債務人怠於行使其權利時，債權人因保全債權，得以自己之名義，行使其權利。此種保全債權之方法，稱之為： (A)先訴抗辯權　(B)代位權　(C)抵銷權　(D)撤銷權 【102五等地方特考一般民政-法學大意】	(B)

相關考題

代理人與使者、代表，均為不同之法律概念。試分別舉例說明代理人與使者，代理人與代表之區別。　　　　　　　　　　【96地政士-民法概要】

試說明代理權之限制與代理權之逾越兩無權代理之概念及效力上之差別，並以所說判斷下列事實之法律效力。

甲為A有限公司之經理人，某年甲將A公司現有在市區之零散土地以高價賣出，再以所得買入位於郊區，但面積較所賣土地大三倍之建地，但A公司股東會以甲所為土地買賣行為為無權代理行為，主張對A公司並不生效力。

【97地政士-民法概要與信託法概要】

甲貸與金錢予乙後，乙非但未於清償期屆至時清償，甚至該債權之消滅時效即將完成。在此之際，乙授予甲代其為管理金錢事務之代理權，甲乃以乙之代理人的地位，以乙之金錢對自己為部分清償。甲代理乙為部分清償之行為有無中斷時效之效力？　　　　　　　【103高考-民法總則與刑法總則】

重點整理

⊙ 代理人、代表人，以及使者三種基本常見考題。

⊙ 無代理權人的損害賠償責任，110，警察→抓無代理權人。

⊙ 代理權授與行為，通說採無因說，不因基本法律關係之無效而受到影響。

⊙ 實務見解：無代理權人以本人名義所為法律行為，僅發生其法律行為之效果，是否對本人發生效力之問題，並不因本人之否認，而使原法律行為之主體發生變更，成為該無代理權人之行為。（69台上3311）

12 無權處分

● 學習提要

　　無權處分的條文雖然只有一條：第118條，但卻是熱門考點。
無權處分的「處分」內容是否包含債權行為，還是只有物權行
為，這也是熱門的考點。

● 解說園地

一、無權處分

　　無權利人就權利標的物所為之處分，經有權利人之承認始生效
力。（民§118Ⅰ）

　　無權利人就權利標的物為處分後，取得其權利者，其處分自始
有效。但原權利人或第三人已取得之利益，不因此而受影響。（民
§118Ⅱ）

　　若數處分相牴觸時，以其最初之處分為有效。（民§118Ⅲ）

二、買賣非處分行為

　　民法第118條規定中，「處分」二字是指處分行為，包括物權行
為及準物權行為，但不包括債權行為，例如甲和乙約定出賣屬於別人
的101大樓，成立買賣101大樓的債權契約，則非屬本條所稱的「處
分」，不以有處分權為必要，債權契約應該是屬有效。

實務見解認為「買賣非處分行為，故公同共有人中之人，未得其他公同共有人之同意，出賣公同共有物，應認為僅對其他公同共有人不生效力，而在締約當事人間非不受其拘束。苟被上訴人林○○簽立之同意書，果為買賣，縱出賣之標的物公同共有土地，而因未得其他公同共有人之同意，對其他公同共有人不生效力。惟在其與上訴人間既非不受拘束，而如原審認定之事實，該土地其後又已因分割而由被上訴人單獨取得，則上訴人請求被上訴人就該土地辦理所有權移轉登記，當非不應准許。」（最高法院71台上5051判例）

如果在寫考題的時候，要引用到實務見解，倒也不必一字不漏地寫出來，只要寫出重點即可，參考範例如下：

> 甲非A屋之所有權人，無處分權，惟其與乙訂定買賣契約，約定將A屋移轉予乙，即便其無處分權，其買賣契約僅係取得對乙請求支付價金之權利，並負擔移轉A屋所有權之義務，並不以有處分權為必要，其買賣契約依舊有效成立，實務亦採相同之見解。→買賣契約不以有處分權為必要（71台上5051）

三、無權處分及無權代理之區別

項目	無權代理	無權處分
法律行為範圍	處分行為及負擔行為	僅處分行為
效力	處分行為及負擔行為均效力未定	僅處分行為效力未定
名義	以本人名義	以自己名義

接著要來討論的是無權處分。

我學過無權處分的概念，屬於民法第118條規定。簡單來說就是把不屬於自己的物品，如汽車、手機賣掉，這種人很壞。

首先我要釐清一下觀念，買賣汽車的過程中，牽涉到債權行為與物權行為，訂定契約就是債權行為，賣的標的不一定是自己的才能賣，例如竊賊承諾可以拿到立法院長的車子並出價賣給金主，可不可以？當然可以，只是事後能否履行的問題，如果拿不到立法院長的車子，恐怕就有給付不能的問題。

而民法第118條無權處分之規定，則是在探討物權行為的部分。

但我比較頭暈的地方則是無權處分跟無權代理有什麼不同呢？

無權處分與無權代理區別的考題還蠻常見的，要背很多小細節，在此僅針對重大的區別，以比較白話的方式來介紹：

1. 無權代理是以別人名義、替別人辦事，包含債權行為與物權行為；無權處分則是把別人的東西假裝是自己的，並且以自己名義拿來賣掉之「物權行為」部分。

2. 還有一個蠻有趣的重點，就是無權處分涉及到社會交易秩序的維護，對於信賴無權處分的相對人，必須透過善意受讓制度加以保護，動產為第801、948條，不動產則為第759-1條。

所以第118條第1項規定：「無權利人就權利標的物所為之處分，經有權利人之承認始生效力。」條文中的處分行為是指物權行為。

是的！讓我們找個題目來練習一下。

甲、乙兩人為好朋友，甲因出國，故將其所有之摺疊腳踏車寄放在乙處，乙得知現在摺疊腳踏車甚為風行，未經甲同意就將該車賣給丙並交付之。甲回國後為感謝乙，索性就將該車送給乙。試問當事人間發生如何法律效力？

【100高考-民法總則與親屬編】

這題看起來蠻簡單的，但題目中「未經甲同意就將該車賣給丙並交付之」，並沒有說明是以甲的名義，還是以自己（乙）的名義賣該車給丙？

我們這邊就僅討論以自己（乙）的名義賣給丙的情形；換言之，也就是只討論「無權處分」，不討論「無權代理」。畫個關係圖就很清楚了，如下：

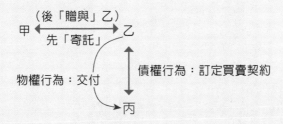

看起來不難，題目是問「當事人間發生如何法律效力？」這一題因為甲已經將車子讓給乙，所以甲丙之間無需討論，只要討論甲乙、乙丙之間的法律關係。

其中甲乙之間的法律關係蠻簡單的，可以寫成下列格式：（一）甲乙之關係
　　　　　1. 寄託關係
　　　　　2. 乙為直接占有人

是的，甲乙之關係也沒什麼好討論，重點放在乙丙之間的關係，這也是常考的類型，主要是討論債權行為、物權行為。本題中債權行為是什麼關係呢？

乙丙關係中，債權行為的部分是「買賣」契約關係。

很好，乙丙是否可以訂定以其他人所有之物品為標的之買賣契約呢？

教授，您剛剛不是已經講過了，答案當然是可以，因為沒有發生所有權之變動。只是我有個問題，這樣寫好像單薄了些：

可以寫完你的論述，後面再補充一下實務上的見解，寫法參考如下：
「買賣契約屬於債權行為，僅會發生債權債務關係，並不涉及所有權之變動，故不以有所有權為買賣契約成立之前提。實務上亦認為：買賣契約與移轉所有權之契約不同，出賣人對於出賣之標的物，不以有處分權為必要。（37上7645）」

※ 記憶方法：

37上7645，山雞（37）→被76人隊無處分權賣給45人隊。

債權行為談完之後，再來談物權行為的部分，也就是無權處分，本來是要看有權利人是否「承認」。

但在本題中，甲又把車子送給乙，所以有關有權利人承認與否的部分，應該可以不必寫了吧！

很好喔！學得真快。

雖然甲把車子送給乙，是適用民法第118條第2項本文規定：「無權利人就權利標的物為處分後，取得其權利者，其處分自始有效。」

答題的時候，只要時間允許，還是要注意順序性，不要過度跳躍。所以，寫題的順序如下：

1. （大前提）→（請勿以此為標題）

   無權利人就權利標的物所為之處分，依據第118條第1項規定，經有權利人之承認始生效力。另依同條第2項本文規定，無權利人處分權利標的後又取得權利者，其處分自始有效。

2. （小前提）→（請勿以此為標題）

   乙將甲之車子賣給丙，乙原本是無權利人，後因甲於回國時把車子送給乙，乙變成車子的所有權人。

3. 結論：

   因此，乙之行為本為無權處分，依據前開規定，應經有權利人甲之承認始生效力，但因為事後已變成車子的所有權人，於是乙所為之處分自始有效。

這樣子拆招解題其實還蠻好玩的，但回歸本題，是要問當事人間發生如何法律效力，那又該如何寫呢？

所謂當事人間發生如何法律效力，或者是問當事人間法律關係為何，如果是甲乙丙三個人，就可以組合成甲乙、乙丙、甲丙三種法律關係去討論，參考如下：

（一）甲乙間：

……（略，各位可以試寫看看，也可以參考前面討論的內容）

（二）乙丙間：

1. 訂定買賣契約之債權行為

    （1）乙將非其所有之腳踏車出售於丙，兩人買賣契約是否生效？

    （2）按買賣契約屬於債權行為，僅會發生債權債務關係，並不涉及所有權之變動，故不以有所有權為買賣契約成立之前提。實務上亦認為：買賣契約與移轉所有權之契約不同，出賣人對於出賣之標的物，不以有處分權為必要。（37上7645）

    （3）乙丙間買賣契約成立生效

2. 交付腳踏車之物權行為

    （1）動產物權之讓與，非將動產交付，不生效力，民法第761條第1項本文有規定。

    （2）本例交付之物權行為原為無權處分，依據第118條第1項規定應得原權利人承認始生效力；惟如題意所指，乙業已取得所有權，依據第118條第2項規定，無權利人就權利標的物為處分後，取得其權利者，其處分自始有效，故交付腳踏車之物權行為有效。

（三）甲丙間：

……（略，各位可以試寫看看，但因為甲回國後已經將腳踏車贈與乙，故甲丙間非討論重點）

【民法第118條】

Ⅰ 無權利人就權利標的物所為之處分，經有權利人之承認始生效力。

Ⅱ 無權利人就權利標的物為處分後，取得其權利者，其處分自始有效。但原權利人或第三人已取得之利益，不因此而受影響。

Ⅲ 前項情形，若數處分相牴觸時，以其最初之處分為有效。

【實務見解】

承認，還是要賠償。

無權利人就權利標的物為處分時，如其行為合於侵權行為成立要件，雖其處分已經有權利人之承認而生效力，亦不得謂有權利人之承認，當然含有免除處分人賠償責任之意思表示。（23上2510）

※ **記憶方法**：23上2510

偷賣駱駝(23)

二胡(25)→彈奏二胡的圖像

十字架要求你懺悔(10)（但還是要賠償）

相關考題

乙借用甲之手錶，而以自己的名義將手錶出賣並交付給丙，乙的行為稱為： (A)無權代理 (B)無權處分 (C)無因管理 (D)無權占有 【97消防不動產-民法概要】	(B)
無權利人就權利標的物所為之處分，效力如何？ (A)無效 (B)有效 (C)得撤銷 (D)效力未定 【96高考三級-法學知識與英文】	(D)
無處分權人就權利標的物所為之處分，效力如何？ (A)有效 (B)無效 (C)經有權利人承認後即有效 (D)有權利人得撤銷之 【97不動產經紀人-民法概要】	(C)

相關考題

無權利人就他人權利標的物所訂立之買賣契約，其效力如何？ (A)有效　(B)無效　(C)效力未定　(D)得撤銷 　　　　　　　　【98四等退除役轉任公務-法學知識與英文】	(A)

解析：

訂立買賣契約，因屬債權契約，並不必對於權利標的物擁有所有權，即可成立契約。事後若因非權利所有人，而無法履行契約，屬於債務不履行之問題。

甲的下列那一個行為，構成民法第118條的無權處分？　(A)以自己的名義，擅自將乙的房屋出租與丙，並已交屋給丙居住　(B)以自己的名義，擅自將丙的自行車的所有權讓與給乙　(C)擅自以乙的名義，將乙的相機出售與丙，尚未交付　(D)以自己的名義，擅自與丙訂立關於乙的相機之買賣契約 　　　　　　　　【107三等警察-法學知識與英文】	(B)

下列各行為，其效力如何？
一、夫妻間為恐一方於日後或有虐待或侮辱他方情事，而預立離婚契約。
二、甲之子乙擅自將甲之古董一件讓與丙。
　　　　　　　　【99三等地特-民法總則與親屬編】

甲向好友乙借用M牌珍珠項鍊參加聚會，因該項鍊光彩奪目成為眾人談論的焦點，同在聚會場所的丙以為項鍊為甲所有，即詢問甲是否願意割愛，甲表示同意，以20萬元出賣給丙，並於一個禮拜後將項鍊交付給丙。不久之後乙請求甲返還項鍊，甲據實以告，乙堅持要拿回項鍊。試說明：甲、乙、丙三人之法律關係。　　　　　　【109高考-民法總則與刑法總則】

擬答與解說請見右頁。

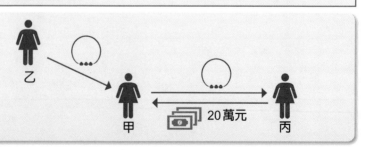

➡ 擬答

一、甲丙關係：

（一）無權利人就權利標的物所爲之處分，依民法第118條第1項規定，經有權利人之承認始生效力。

（二）甲向好友乙借用M牌珍珠項鍊參加聚會，因其並非所有權人，雖可成立買賣契約之債權行爲，但1週後將項鍊交付給丙之物權行爲移轉，則屬於無權處分，而後乙堅持要拿回項鍊，顯然並未承認其無權處分，故甲丙交付物權之行爲係無權處分。

二、乙丙關係：

（一）甲爲無權處分，且乙未承認其無權處分，故其自始不生效力，乙得主張其爲項鍊所有權人，依據民法第767條物上請求權請求丙返還其項鍊。

（二）惟爲維護交易安全，民法第801條及第948條有善意占有之規定；故若丙符合善意占有之要件，自得主張善意占有，取得項鍊動產之所有權。

三、甲乙關係：

（一）甲將項鍊借給乙，乙負有返還項鍊之義務，自得依據第767條物上請求權請求返還，及依契約關係負損害賠償之責任。

（二）甲取得20萬元之對價，自屬不當得利，乙自得依據民法第179條主張不當得利。

（三）乙得主張甲不法管理所得之利益，依據民法第177條規定請求無因管理所得之利益。

（四）因甲之行爲侵害乙之所有權，乙得主張民法第184條侵權行爲損害賠償之權。

【解說】

題目在詢問甲、乙、丙之法律關係時，要先討論甲乙、甲丙，還是乙丙呢？本題中，應先以故事主軸的甲丙爲中心，再依序

探討乙丙，最後以甲乙關係爲收尾。

一、 甲丙關係：

二、 乙丙關係：

三、 甲乙關係：

如果題目是問乙是否能向丙請求返還，問法雖然不太一樣，但是寫法的架構差不多一樣，也是要以故事主軸的甲丙爲中心。

一、 乙是否能向丙請求返還？

（一）甲丙關係

（二）乙丙關係

（三）甲乙關係

二、 結論：

重點整理

⊙ 無權處分的規定雖然只有一條，但卻是相當常見的考題。

⊙ 無權利人就權利標的物所爲之處分，經有權利人之承認始生效力。（民§118Ⅰ）

⊙ 無權利人就權利標的物爲處分後，取得其權利者，其處分自始有效。（民§118Ⅱ本文）

⊙ 實務見解請記得這一號見解的內容：出賣人對於出賣之標的物，不以有處分權爲必要。（37上7645）

13 意思表示健全無瑕疵（一）
虛偽意思表示

● 學習提要

> 當事人單方掩飾真相，稱之為單獨虛偽意思表示，導致另一當事人相信，法律行為並不因之無效，主要是因為要維護交易安全。
>
> 如果是當事人雙方都來假的，那就是通謀虛偽意思表示，法律行為就屬於無效。

● 解說園地

一、單獨虛偽意思表示（心中保留）

表意人無欲為其意思表示所拘束之意，而為意思表示者，其意思表示，不因之無效。但其情形為相對人所明知者，不在此限。（民§86）此即為單獨虛偽意思表示之規定，又有稱之為心中保留。

由於單獨虛偽意思表示，只有自己知道，其他人不知道其真正的意思，所以效果為有效。否則，每個人事後都宣稱所說的話不算數，將會嚴重影響交易安全。但是，假設相對也知道，基本上就沒有值得保護的對象，其意思表示就無效了，此規定在民法第86條但書：「但其情形為相對人所明知者，不在此限。」

二、通謀虛偽意思表示

　　表意人與相對人通謀而為虛偽意思表示者，其意思表示無效。但不得以其無效對抗善意第三人。（民§87Ⅰ）此即所謂的通謀虛偽意思表示。最常見的就是債務人脫產，等到債權人獲得民事上的勝訴判決，才發現債務人名下根本沒有財產，原有的財產早就移轉到親朋好友名下。

　　舉個例子，甲欠乙錢，甲為了脫產，所以與丙簽訂虛偽意思的骨董買賣契約，實際上並沒有要將該骨董賣給丙的意思，丙也知情。此種情形，某甲與某丙間的契約關係即屬無效。

　　為了保護善意第三人，雖然無效，也不能對抗善意第三人。譬如說丙又把這個骨董賣給不知情而為善意的丁，就不可以主張無效而對抗丁。但是，如果丁是惡意第三人，知道意思表示是虛偽的，並不值得保護，所以還是可以對抗之。

三、隱藏行為

　　雖然是通謀虛偽意思表示，但是隱藏他項法律行為，適用關於他項法律行為之規定。（民§87Ⅱ）例如為了逃避贈與稅，以「假買賣之名，行贈與之實」。所以，雙方虛偽之買賣意思表示，無效，但是隱藏贈與的法律行為，適用關於贈與法律行為之規定，通常還要補繳高額的贈與稅喔！

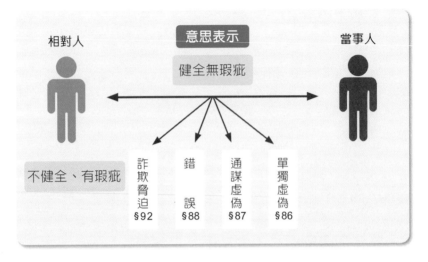

● 理解方法

　　早期在學習第86、87條時，常常會搞不清楚到底什麼時候有效、什麼時候無效，尤其是年輕時社會經驗不足，老師也許有說明，但也聽不太懂。

　　簡單來說，這兩個條文是與「交易安全」調和後的制度，如果只有一個人說假，另一個人是認真，為了交易安全，就不能讓法律行為無效。但如果兩個人都知道這種情況，有可能是第86條相對人明知，或者是第87條的通謀虛偽意思表示，都是屬於無效的。

$$\begin{array}{l}\text{單獨虛偽＋對方不知道} \rightarrow \text{有效}\\ \text{單獨虛偽＋對方明知} \quad \rightarrow \text{無效}\\ \text{通謀虛偽＝雙方明知} \quad \rightarrow \text{無效}\end{array}$$

→ 交易安全

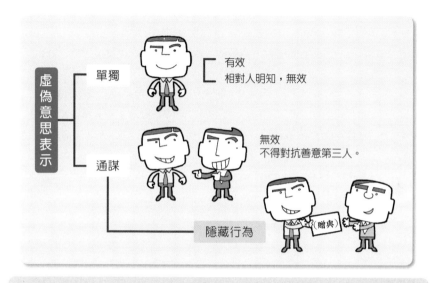

接著我們要來討論一下「故意不一致」的意思表示類型。民法分別規定在第86條單獨虛偽意思表示，以及第87條通謀虛偽意思表示。

社會上有些人總是「心口不一」，例如常常有人以瞧不起他人的口吻戲稱「你要是考得上大學，我的財產全都送給你。」實際上，說這句話的人並沒有想要受這句話約束的意思。

聽起來蠻有趣的，既然只有兩條，那先教我條號記憶吧！

條號記憶的部分，剛好夾在第85條允許獨立營業，以及第88條錯誤規定之間，所以我並沒有特別記憶條號，因為只要記得第88條，往前推順序即可。

那第88條怎麼記呢？

不急不急，等學到第88條再記即可。
但如果是法律系背景的，通常也不必記條號，因為太常用了。這邊的條號記憶法也只是針對初學法律，以及國家考試的考科中有民法的考生。

➡ 單獨虛偽意思表示

第86條單獨虛偽意思表示，以及第87條通謀虛偽意思表示，第一次聽起來，雖然好像很實用，但感覺好難喔！

也不會啦！讓我來說明一下就很清楚了。
剛剛提到社會上有些人總是「心口不一」，例如常常在喝酒聚會的場合中，看有錢人喝完酒一高興就炫耀自己手上戴著的百萬名錶，然後看著你手中那只窮酸樣的便宜貨，便稱兄道弟地說：兄弟，我這支錶送你。

那就趕緊說謝謝，然後把手錶收下來啊！

這個要看情況，通常第一次參加酒宴的菜鳥會很高興。雖這個有錢人有口頭送手錶的贈與契約，不過依第86條本文規定：「表意人無欲為其意思表示所拘束之意，而為意思表示者，其意思表示，不因之無效。」換個比較白話的說法，這有錢人吝嗇得要命，說要送你只是假的，但是在法律上來看，其贈與意思表示還是有效成立。

那就把手錶拿走啊！死醉鬼，要是我才不會客氣。

話是這樣說沒錯，但可能隔天就會來跟你要回那只手錶。畢竟對方還可以主張第75條後段：「雖非無行為能力人，而其意思表示，係在無意識或精神錯亂中所為者亦同。」也就是還可以主張意思表示「無效」。

而且如果不還，外面的人會怎麼評價你呢？到時候可不是法律問題，而是能不能在社會中立足的問題。

參加這些酒宴還真是麻煩。

所以參加酒宴的老手遇到此一情形，通常都適用第86條但書規定：「但其情形為相對人所明知者，不在此限。」

原來如此，那這樣子我就懂了。

單獨虛偽意思表示，因為對方還是相信契約存在，為了讓契約不要因為單方虛偽而變成無效，從儘量讓意思表示有效的角度來觀察，第86條本文規定的法律效果是「不因之無效」，也就是原則有效的意思。

如果有但書的情況，也就是相對人也知道是假的，當兩個人都知道是假的，當然就沒有保護「交易安全」的問題，條文中所謂「不在此限」，也就是無效的意思。

【民法第86條】
表意人無欲為其意思表示所拘束之意，而為意思表示者，其意思表示，不因之無效。但其情形為相對人所明知者，不在此限。

哈哈！謝謝教授的解釋，那我們可以展開考題訓練了嗎？

先來一題基本的。

甲最近新購一支時尚流行的「i」品牌白色手機，愛不釋手隨時把玩。某日與昔日同窗好友乙相遇，言談中見乙對該手機面露欣羨，甲雖內心不願意，卻隨口對乙表示願將該新手機贈與乙作為見面禮。請回答以下提問：

一、甲贈送手機予乙之意思表示效力為何？

二、如乙深知甲為有名之小氣鬼，因此明知甲不可能真心會把該新手機贈送自己，則甲贈與之意思表示效力如何？

【100警特高員三級-民法總則】

經過剛剛教授的解說，我忽然覺得這題有點簡單到不可思議的境界。

不必懷疑，這題就是這麼簡單，但有時候簡單的題目會變麻煩的。

為什麼？

因為當你寫完大前提，接著寫完小前提與結論的時候，你會發現好像沒寫多少字，感覺會有些虛虛的。

那該怎麼辦呢？

你先練習看看，我慢慢來教你調整這種「小題大作」的寫法。

好的，那我開始來寫寫看。

➡️ 擬答

一、甲贈送手機予乙之意思表示效力爲何？

（一）先寫大前提：（請勿以此爲實際作答之標題，下同）

　　單獨虛偽意思表示，係指表意人無欲爲其意思表示所拘束之意，而爲意思表示者，依第86條本文規定，其意思表示，不因之無效。

（二）次寫小前提：

　　本題中，甲與好友乙相遇，而乙對該手機面露欣羨，甲雖內心不願意，卻隨口對乙表示願將該新手機贈與乙作爲見面禮。甲爲表示願意贈與該新手機之意思表示，依第86條本文規定，單獨虛偽意思表示不因之無效。

（三）最後寫結論：

　　甲贈與手機給乙之意思表示有效。

教授，這樣子可以嗎？

很完整，但字數才200個字，好像單薄了些。

那怎麼辦？

如果「大前題」中有學說、實務見解，就可以加上這些素材。

可是如果想不出來，或者是沒有，那又該怎麼辦呢？

那就剩下基本原理原則、立法理由等內容來填補。例如大前題中可以補充一下這一段說明：「**單獨虛偽意思表示之立法意旨，本來因為意思表示有瑕疵，應該變成無效，但法律上為了維護交易安全、建立可信賴的交易制度，立法偏向讓交易儘量有效。**」

不知道寫什麼內容時，思考：

（1）學說

（2）基本原理原則

（3）實務見解

（4）立法理由

讓我把教授建議的內容加入到大前提這邊，教授幫我看看是否可行……

（一）大前提：（請勿以此爲實際作答之標題）

　　單獨虛偽意思表示，係指表意人無欲爲其意思表示所拘束之意，而爲意思表示者之情況，本因意思表示有瑕疵，而應讓其意思表示成爲無效；惟從維護交易安全、建立可信賴的交易制度之角度觀之，立法上希望意思表示儘量有效成立，這也是錯誤、詐欺、脅迫等情況，僅取得撤銷權，並不會因爲意思表示偶然不一致或不自由，而使之直接成爲自始、當然、絕對無效。故單獨虛偽意思表示，原則上依第86條本文規定，其意思表示，不因之無效。

很好，這樣子就寫得很完整囉！

如果教授覺得可以，那我把整個題目完整地寫一遍。

➡ 擬答

(一)先寫大前提：(請勿以此為實際作答之標題，下同)

單獨虛偽意思表示，係指表意人無欲為其意思表示所拘束之意，而為意思表示者之情況，本因意思表示有瑕疵，而應讓其意思表示成為無效；惟從維護交易安全、建立可信賴的交易制度之角度觀之，立法上希望意思表示儘量有效成立，這也是錯誤、詐欺、脅迫等情況，僅取得撤銷權，並不會因為意思表示偶然不一致或不自由，而使之直接成為自始、當然、絕對無效。故單獨虛偽意思表示，原則上依第86條本文規定，其意思表示，不因之無效。

(二)次寫小前提：

本題中，甲與好友乙相遇，見乙對該手機面露欣羨，甲雖內心不願意，卻隨口對乙表示願將該新手機贈與乙作為見面禮。甲為表示願意贈與該新手機之意思表示，依第86條本文規定，單獨虛偽意思表示不因之無效。

(三)末寫結論

甲贈與手機給乙之意思表示有效。

很有天分喔！那繼續進行下一個小題。

二、如乙深知甲為有名之小氣鬼，因此明知甲不可能真心把該新手機送給自己，則甲贈與之意思表示效力如何？
這不就是同條但書「但其情形為相對人所明知者，不在此限」的情況。
那我就直接寫了。

➡ 擬答

二、乙明知甲不可能眞心贈送手機，甲贈與之意思表示效力如何？

(一)先寫大前提：(請勿以此爲實際作答之標題，下同)
　　單獨虛僞意思表示，表意人無欲爲其意思表示所拘束之意；而爲意思表示者，其情形爲相對人所明知者，原本爲維護交易安全、建立可信賴的交易制度之角度，立法上使單獨虛僞意思表示亦能原則有效存在。但若相對人明知之情況，因表意人與相對人均知悉意思表示非屬眞實，故並無保護之必要，依第86條但書「但其情形爲相對人所明知者」，其意思表示爲無效。

(二)次寫小前提＋結論：
　　乙深知甲爲有名之小氣鬼，因此知道甲不可能眞心把該新手機送給自己。換言之，乙對於甲無欲爲其意思表示所拘束，屬於「明知」之情況，則甲贈與之意思表示爲無效。

很好啊！雖然字數總合加起來不是很多，但國家考試並非均以字數取勝，主要是內容都到位比較重要。

我覺得自己在申論題的演練上愈來愈有信心了。

很好，類似考題蠻多的，如以下三等身心障礙考題的第二小題，也是在考民法第86條。

請說明下列各法律行為之效力：

一、限制行為能力人甲偽造其身分年齡，使機車行老闆信其為有行為能力而與其訂立機車買賣契約。

✓二、30歲的乙，在與朋友聚餐喝酒喝到不省人事時，隨口答應將其賓士轎車以新臺幣5萬元賣給朋友。

【101三等身心障礙-民法總則與刑法總則】

哈！現在看第二小題感覺好簡單喔！而且好喜歡以喝醉酒為題。

有可能是因為出題老師常喝酒吧！
如果現在能立刻看出來要寫什麼內容，代表已經進步許多了。這題蠻簡單的，我們就不花時間討論，若是你有興趣再自行練習。

好的，謝謝教授，我會多多練習的。

➡ 通謀虛偽意思表示

接著我們談談通謀虛偽意思表示。

 算是脫產行為嗎？

應該說脫產行為是本條文較為常見的類型。
很多債務人欠錢之後，把自己的名下財產賣給串謀的第三人，這樣子債權人即使取得勝訴判決進入執行程序時，因為債務人名下沒有財產，也拿債務人沒轍。雖然對於這樣子的行為有一定的處罰，但在實務上卻很難抓。

所以通謀虛偽意思表示在第87條第1項本文規定：「表意人與相對人通謀而為虛偽意思表示者，其意思表示無效。」
 簡單來說，兩個人都知道是假的，那就是假的，無效。

這個跟「單獨虛偽意思表示」第86條的但書中，相對人明知表示人說假的，相當於兩個人都知道，該（86）條但書的規定也是讓意思表示無效，與第87條第1項本文是相同的。

【民法第87條】
I 表意人與相對人通謀而為虛偽意思表示者，其意思表示無效。但不得以其無效對抗善意第三人。
II 虛偽意思表示，隱藏他項法律行為者，適用關於該項法律行為之規定。

那我們趕緊來寫題目吧！好奇怪喔！現在都有一種想要挑戰題目的衝動。

那真是太好了，把寫題目當成興趣，看來離上榜應該不遠了。我們先看一下這一題的第一小題。

試附理由分項解答下列問題：

債務人甲積欠債權人丙債款500萬元未償，為避免丙之強制執行起見，乃與友人乙通謀偽為價額400萬元之假買賣，而將其僅有市值400萬元之房地一處為所有權移轉登記予乙名下，乙隨即將該房地立約出租予不知其情之丁居住使用，租期4年。問：

一、丙得對甲或乙主張何種權利，以塗銷該房地之所有權移轉登記？

二、又如丙代位甲訴求丁返還房地，則丁得為如何之抗辯以維護其租賃權益否？

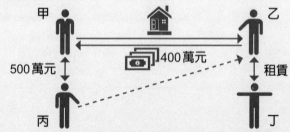

【100三等身心障礙-民法總則與刑法總則】

看得頭好暈喔！

這一題配分占 20 分，一題大約 600 字，所以不能超過 720 字。

問題一的重點在於要怎麼樣才可以塗銷該房地之所有權移轉登記，以避免債務人脫產而有損債權人之權益。

問題二則是有關代位權之行使，算是超過民法總則的範圍了。

 那我來寫看看。

➡ 擬答　↷　請勿以此作為標題

（一）（先把關係講清楚）：債務人甲為避免債權人強制執行其財產，乃與乙通謀買賣，將其房地一處以價額 400 萬元賣與乙，並為所有權之移轉登記，依民法第 87 條規定，其意思表示無效，包括買賣契約之債權行為及所有權移轉登記之物權行為，均屬無效。

還是依照三段論述比較好，讓我稍微調整一下：

一、通謀虛偽意思表示：

（一）大前提　↷（請勿以此作為標題）

通謀虛偽意思表示，民法第 87 條規定，其意思表示無效，包括買賣契約之債權行為及所有權移轉登記之物權行為，均屬無效。

（二）小前題

債務人甲為避免債權人丙強制執行起見，於是與乙通謀買賣並移轉所有權，符合民法第 87 條之要件。

（三）結　論

甲乙間之買賣契約與物權移轉行為均屬無效。

我常會忘記用三段論述的寫法，所以論述就感覺跳東跳西，欠缺結構性，這是自己要改進的地方。

寫完了這個部分，接下來要寫什麼呢？

很簡單啊！無效的法律效果是什麼？民法總則可是有規定的喔！難道忘了嗎？

趕緊來翻一下法條……是民法第113條，那我會寫了。

➡ 擬答

（二）無效法律行為之當事人，於行為當時知其無效，或可得而知者，依第113條規定，應負回復原狀與損害賠償之責任。甲乙二人為通謀意思表示之買賣行為，屬於行為當時知其無效，故應負回復原狀之責任。換言之，甲得請求乙塗銷移轉登記，將房屋登記回甲名下所有。

【民法第113條】
無效法律行為之當事人，於行為當時知其無效，或可得而知者，應負回復原狀或損害賠償之責任。

但是我有個疑惑。

什麼疑惑？

甲既然想要脫產給乙，又怎麼可能要求乙塗銷移轉登記呢？

這個很簡單，但已經超過民法總則的範圍，不過，民法總則的考題蠻多都涉及到債編、物權，甚至親屬繼承，例如不當得利（民§179）、侵權行為（民§184）、物上請求權（民§767）、不動產登記之信賴保護（民§759-1）、動產善意取得（民§801+948）、親屬編的監護部分。這一題涉及到第242條「代位權」，其規定為如下。

【民法第242條】（代位權）
債務人怠於行使其權利時，債權人因保全債權，得以自己之名義，行使其權利。但專屬於債務人本身者，不在此限。

所以如果甲不塗銷移轉登記，丙就得以自己的名義，代位主張行使權利。

所以這一段我可以加上：

➡ 擬答

(二)無效法律行為之當事人，於行為當時知其無效，或可得而知者，依民法第113條規定，應負回復原狀與損害賠償之責任。甲乙二人為通謀意思表示之買賣行為，屬於行為當時知其無效，土地登記與真正權利不一致，故應負回復原狀之責任，甲得請求以塗銷移轉登記。另因乙占有甲之房地，應構成無權占有，甲得依民法第767條請求返還。

(三)若甲怠於請求塗銷移轉登記，債務人丙為了保全債權，依民法第242條本文規定，得以自己之名義，代位主張之。

是的，可以這樣子寫。

此外，這一題還有可能涉及到第244條「詐害債權」，但因為其效力是聲請法院撤銷，並非本題所討論的無效，所以僅將條文列出讓你參考。

【民法第244條】（詐害債權）

I 債務人所為之無償行為，有害及債權者，債權人得聲請法院撤銷之。

II 債務人所為之有償行為，於行為時明知有損害於債權人之權利者，以受益人於受益時亦知其情事者為限，債權人得聲請法院撤銷之。

III 債務人之行為非以財產為標的，或僅有害於以給付特定物為標的之債權者，不適用前二項之規定。

IV 債權人依第1項或第2項之規定聲請法院撤銷時，得並聲請命受益人或轉得人回復原狀。但轉得人於轉得時不知有撤銷原因者，不在此限。

若題目改為丁為受買人時，甲是否仍得主張民法第767條請來返還呢？

如果不單單是民總的考題，可能還要寫到土地法，但因為我們不討論土地法，所以寫民法第767條就夠了，超過民法總則範圍的部分，就不多談了。

接著，丁若為善意第三人，則得依據民法第87條第1項本文或第759-1條規定，主張甲乙間之契約有效，也可以主張為無效。

感謝教授的教導。
那問題二「又如丙代位甲訴求丁返還房地，
則丁得為如何之抗辯以維護其租賃權益否？」

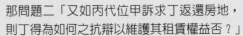

一般教科書的考題，大概都是把房子賣給善意第三人時該如何處斷？並沒有寫到這善意第三人如果只是租房子的話，那該怎麼辦？

1. 原則上通謀虛偽意思表示，係因當事人本即無欲使其意思表示生效之意，法律上自無使其例外生效之必要，況且以實務上而言，通謀虛偽意思表示常會發生在脫產之情況，對於債權人之權利有所侵害。

2. 通謀虛偽意思表示外觀上仍有交易之事實存在，對於信賴其交易的第三人則會受到侵害。故第87條第1項但書，善意第三人得主張有效。然而此項但書之善意第三人是否及於任何交易之第三人，仍須就衡平法則針對具體個案加以判斷。

3. 本例中，甲為脫產而與乙為交易行為，業已侵害債權人之權益，相較於第三人僅為承租人，可以透過承租其他房屋解決之租賃之問題，亦可依據租賃契約向乙主張債務不履行之履約責任，若使其主張善意保護，則讓債權人無法對該屋強制執行維護其債權，顯已與衡平法則有違，故善意第三人保護之規定不應適用承租人。

相關考題

甲與乙通謀虛偽意思表示，由甲將其所有之凶宅辦理所有權移轉登記於乙。不久，乙經法院為監護之宣告，並由其配偶丙擔任監護人。丙不知甲、乙之通謀虛偽意思表示，但知系爭房屋為凶宅。嗣後，丙以乙之代理人名義，將系爭房屋出賣並移轉所有權登記於丁。丁就甲、乙之通謀虛偽意思表示及系爭房屋為凶宅，均不知情，且丁就其不知並無過失，乙、丙亦皆未對丁為任何告知。請問：丙就系爭房屋，對乙、丁二人，各有無可以主張之權利？丁就系爭房屋得對乙為如何之主張？　　【101高考－民法總則與刑法總則】

甲為避免債權人對其財產強制執行，乃將名下房地一筆以買賣為原因，辦妥所有權移轉登記給知情的乙，但雙方並無價金的交付。不料，乙又將該房地賣給不知情的丙，並辦妥所有權移轉登記。試回答下列問題：
一、丙得否主張甲乙間之買賣契約無效？
二、丙得否主張甲乙間之買賣契約有效？甲得否主張本買賣契約無效，並請　　求丙塗銷所有權移轉登記？　　【102薦任升官等－民法總則與刑法總則】

甲對乙有新臺幣500萬元之債權，乙為逃避甲之強制執行，與丙通謀虛偽買賣，將自己所有之土地出售與丙，並完成土地所有權移轉登記。嗣後丙將該土地轉賣給不知情之丁，並辦妥所有權移轉登記。丁又將該土地出賣並移轉登記與惡意之戊，請問：甲得否向戊請求返還該土地？
　　　　　　　　　　　　　　【102三等退除役轉任－民法總則與刑法總則】

※此類考題相當多，95年律師亦有類似通謀虛偽意思表示之考題，而且95年律師考題還考無權處分人轉賣給善意第三人之後，第三人再轉賣給惡意之第四人。

下列何者為是？　(A)表意人欲撤銷因脅迫而為之意思表示，其除斥期間為發現脅迫終止後2年內　(B)通謀虛偽意思表示，原則上無效，但不得以此對抗善意第三人　(C)撤銷受詐欺而為意思表示之效力，得對抗善意第三人　(D)法律行為受撤銷之效力，其無效原則上不溯及既往　　　　　　　【97消防不動產－民法概要】	(B)

相關考題

甲為了逃避強制執行，將其所有的土地一筆，以通謀虛偽意思表示的方法，移轉登記予乙。某日，乙因車禍逝世，其善意之子丙，於繳納遺產稅之後，並辦妥繼承登記。請問，下列關於該土地所有權的敘述，何者正確？　(A)土地所有權屬於丙　(B)土地所有權屬於甲　(C)土地所有權屬於乙　(D)土地所有權屬於甲之債權人　　　　　　　　　　【102三等地方特考-民法】	(B)

甲與乙通謀虛偽意思表示，將其所有之土地出賣與乙而訂立假買賣契約，並將其土地所有權移轉登記與乙。不久乙死亡，其子丙辦理繼承登記，據查丙並不知上情。請問：

一、如丙將該土地出賣與丁，甲得否向丁請求返還該土地？

二、如丙將該土地出租與戊，甲得否向戊請求返還該土地？

【97三等關務警特-民法】

甲因經商失敗，負債累累，為逃避債權人查封拍賣，以通謀虛偽意思表示的方法，將其所有之建地一筆，移轉登記予其友人乙。請依下列不同情況，附具理由回答下列問題：

一、在甲以通謀虛偽意思表示的方法，將建地登記予乙後，該建地之所有權屬於何人所有？

二、乙因車禍死亡，其善意的繼承人丙，依規定繳納遺產稅、辦妥繼承登記後，該建地屬於何人所有？

三、乙因車禍死亡，其善意繼承人丙，辦妥繼承登記之後，為了擔保消費借貸債權，以該建地為標的物設定抵押權予善意第三人丁，且已經辦妥抵押權登記。丁是否取得抵押權？

【101三等地方特考地政-民法】

重點整理

⊙ 本章節分成單獨虛偽意思表示、通謀虛偽意思表示、隱藏行為三種。

單獨虛偽＋對方不知道　→ 有效

單獨虛偽＋對方明知　　→ 無效

通謀虛偽＝雙方明知　　→ 無效

14 意思表示健全無瑕疵（二）
錯誤

● 學習提要

> 錯誤的分類很亂，學習過程中不要太執著於屬於哪一種錯誤。
>
> 錯誤的意思表示，並非無效，而是撤銷。有瑕疵的時候，為何不是無效，而是撤銷？在學習的過程中，可以多加思考。
>
> 動機的錯誤可不可以撤銷？
>
> 撤銷的法律效果在申論題的撰寫上也要多加練習。

● 解說園地

一、基本錯誤

　　錯誤，表意人為意思表示時，因為對於內容不正確的認識，或者是認識上的欠缺，導致內在的效果意思與外在的表示行為，兩者產生不一致的結果，稱之為錯誤。本法規定：意思表示之內容有錯誤，或表意人若知其事情即不為意思表示者，表意人得將其意思表示撤銷之。但以其錯誤或不知事情，非由表意人自己之過失者為限。（民§88 I）

二、一般錯誤

　　民法第88條是指一般錯誤的型態，可以分成「意思表示內容錯誤」以及「表示行為錯誤」等兩種。

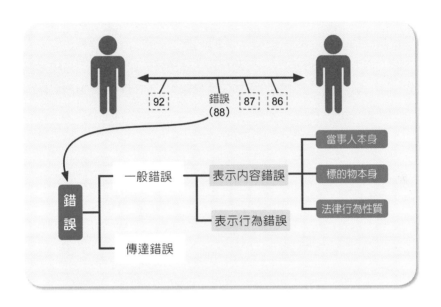

民法第88條所謂「意思表示之內容有錯誤」，即所謂的表示內容錯誤，可以分成下列三項內容加以討論：

當事人本身的錯誤	是指當事人同一性的錯誤，如誤甲為乙，而與乙為法律行為。但是此種錯誤，必須要法律行為很重視當事人本身，例如要找英文家教，結果來的人是學俄文的，並不會英文。民法第88條第2項規定：「當事人之資格或物之性質，若交易上認為重要者，其錯誤，視為意思表示內容之錯誤。」
標的物本身的錯誤	例如：誤糖為鹽而購買。
法律行為性質的錯誤	例如：將租賃關係誤為使用借貸關係。

民法第88條所謂表意人「若知其事情即不為意思表示」，是指表示行為錯誤，例如誤寫，將公尺寫成公里、將單位千寫成萬，表意人主觀上的認知並沒有錯誤，只是在將法效意思表現於外時，發生錯誤之情況。發生錯誤時，表意人自己並無過失，則可撤銷其意思表示。（民§88 I 但）

A想要賣1000元，卻誤標是100元，如果知道標示是100元，就不會賣了。

A賣方　　　　　　B買方

三、動機錯誤

如果是表意人在形成特定內容的意思表示過程中，對於具有重要性的基礎事實，發生認知不正確的情況，例如誤以為自己已經考上警察特考，所以將考試用書全送給其他考生。由於贈與的動機無法顯現於外，因此若是動機錯誤的情況，是不能夠主張撤銷，必須由表意人自行承擔動機錯誤所造成的風險。

四、傳達錯誤

因傳達人或傳達機關傳達不實者，得比照民法第88條錯誤之規定撤銷之。（民§89）若表意人自己沒有過失，可以撤銷其意思表示。例如某甲請某乙銷售房屋乙間，原本銷售價格是100萬元，但某乙在傳達給購屋者某丙時，卻誤表示為10萬元，若表意人自己沒有過失，可以撤銷意思表示。

五、撤銷之法律效果

民法第88條之一般錯誤，第89條之傳達錯誤，兩者之撤銷權，自意思表示後，經過1年而消滅。（民§90）

法律行為經撤銷者，視為自始無效。（民§114Ⅰ）當事人知其得撤銷或可得而知者，其法律行為撤銷時，應負回復原狀或損害賠償之責任。（民§114Ⅱ）

第88條的錯誤，我覺得好難喔。

在我教學的過程中，錯誤應該是最多人詢問的部分，也是我最難回答的部分。
因為當初立法有一些不妥當，所以在解釋上變得非常困難，再加上學說見解混雜，當然就讓學生頭很昏。
至於你該如何學習，我個人的意見是儘量建立一個清楚簡單的體系，以通說為主，這個體系可以套用到任何考題中，不要看到新的學說見解就改變，才能強化「錯誤」的學習與寫考題的效果。

我最擔心的是……
遇到實際申論題不知道該怎麼寫？

也不會太難,跟著我進行思考。
首先,法條要熟悉,利用記憶法將條號
記起來:
「88,爸爸我錯了。」

這……好簡單的記憶方法,過一陣子
再測試一下是否有用。

➡ 錯誤的類型:動機錯誤

碰到錯誤的題目,該如何解題呢?

別急、別急!讓我們先來學條
文,順便搞懂錯誤的類型吧!

【民法第88條】
Ⅰ 意思表示之內容有錯誤,或表意人若知其事情即不為意思表示
　者,表意人得將其意思表示撤銷之。但以其錯誤或不知事情,非
　由表意人自己之過失者為限。
Ⅱ 當事人之資格或物之性質,若交易上認為重要者,其錯誤,視為
　意思表示內容之錯誤。

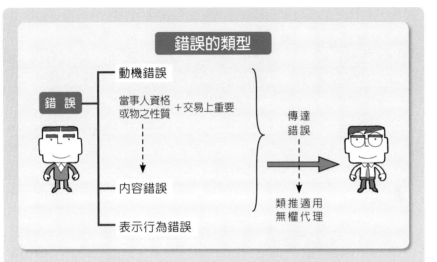

錯誤的類型主要有動機、內容及表示行為這三種。

但動機錯誤，原則上不影響意思表示的效力，不能撤銷，例如想要吃雞腿，卻買到雞胸肉。這種存在於內心的動機錯誤，沒有人知道你在想什麼，為了交易安全，當然不能讓表意人隨便加以撤銷。

只是有些動機錯誤還是可以撤銷，依據第2項規定：「當事人之資格或物之性質，若交易上認為重要者，其錯誤，視為意思表示內容之錯誤。」本來是動機錯誤，但如果交易上認為是重要的，就不能單純只考量交易安全，還要考慮到表意人的保護，我國立法上將這種情況升格為內容錯誤。例如：

1. 借錢給郭台銘，本來以為很有信用，但實際上早就將資產移往海外。
2. 藝術品的來源與真實。

這兩種情況，只要交易上認為重要者，就可以回到第1項進行有無過失的審查。

➡ 內容錯誤和表示行為錯誤

那如果是買到假的藝術品,該如何寫呢?

很簡單,買到假的藝術品,屬於物之性質發生錯誤,若買方是為了投資之用,自然不願意買假貨,在交易上自然屬於重要,依據第88條第2項規定,視為意思表示內容之錯誤,次依據同條第1項但書規定,再來判斷是否有過失。

判斷的思考過程如下:

1. 動機錯誤(當事人之資格或物之性質)?

　↓是的話,進入第2項;不是的話,跳至第1項

2. 交易上認為重要?

　↓不重要,不得撤銷

3. 若1、2都符合,進入第1項但書,過失?

　↓第88條要求的是哪一種程度的過失

4. 如果沒有過失,才可以撤銷。

多練習幾遍,就可以熟練了,有關過失的部分稍後再來解釋。

動機錯誤的部分清楚多了,我會多加練習,那第1項呢?

第1項所介紹的就是內容錯誤與表示行為錯誤,讓我們來看一下條文。

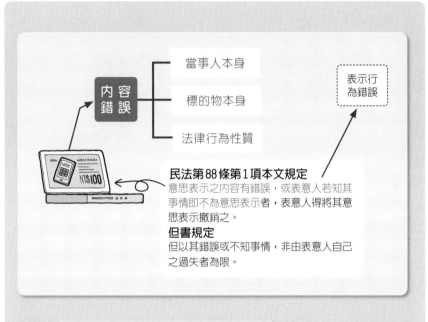

當事人本身

標的物本身

法律行為性質

內容錯誤

表示行為錯誤

民法第88條第1項本文規定
意思表示之內容有錯誤，或表意人若知其事情即不為意思表示者，表意人得將其意思表示撤銷之。
但書規定
但以其錯誤或不知事情，非由表意人自己之過失者為限。

這樣子繪製的體系比一般書籍還容易。

如果不是動機錯誤，就看看是否屬於內容錯誤或表示行為錯誤？

但是如何判斷內容或表示行為錯誤？

首先要知道什麼是內容錯誤，所謂內容錯誤有三種：
1. 當事人本身的錯誤，是指當事人同一性的錯誤，如誤甲為乙，而與乙為法律行為。
2. 標的物本身的錯誤，例如誤糖為鹽而購買。
3. 法律行為性質的錯誤，例如將租賃關係誤為使用借貸關係。

我有個疑惑,如果是想要聘請教法文的老師,結果來應徵的卻是一位教日文的老師,這算是第1項內容錯誤中的當事人本身錯誤,還是屬於第2項的當事人資格的錯誤?

這是個簡單的好問題,也就是回答起來不難,只是因為法條設得太過複雜,所以才會讓大家丈二金剛摸不著頭緒。
簡單來說:
甲誤認為乙,內容錯誤。
甲還是甲,但日文甲誤以為是法文甲,資格錯誤→動機錯誤→交易上重要→視為內容錯誤→回到第1項判斷。

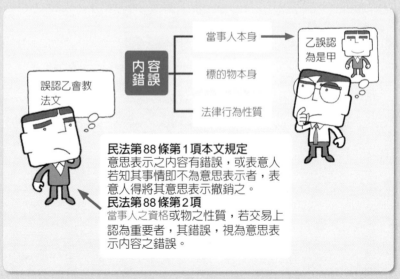

誤認乙會教法文

內容錯誤
- 當事人本身 → 乙誤認為是甲
- 標的物本身
- 法律行為性質

民法第88條第1項本文規定
意思表示之內容有錯誤,或表意人若知其事情即不為意思表示者,表意人得將其意思表示撤銷之。
民法第88條第2項
當事人之資格或物之性質,若交易上認為重要者,其錯誤,視為意思表示內容之錯誤。

我懂了，那表示行為錯誤是指什麼呢？

民法第88條第1項本文所謂表意人「若知其事情即不為意思表示」，是指表示行為錯誤，例如將公尺寫成公里、將單位千寫成萬的誤寫；要送手機卻講成送平板電腦的誤言；要贈與1千元，卻拿了兩張1千元等。

內容好多，雖然搞得頭有點暈，但錯誤的部分差不多有概念了。

➡ 錯誤的過失

很好，不過有個地方還沒講到。

哪邊？

剛剛在第2項討論的時候，本來有要講過失，但因為希望先把問題簡化，所以暫時沒有提到，現在要講一下第1項但書有關錯誤的過失。

民法第88條第1項規定
意思表示之內容有錯誤，或表意人若知其事情即不為意思表示者，表意人得將其意思表示撤銷之。但以其錯誤或不知事情，非由表意人自己之過失者為限。

有兩個層面的意思：
1. 有過失就不能撤銷。
2. 想要撤銷，就不能有過失。

第88條第1項但書的「過失」，這有什麼好講的，不就是過失嗎？

民法上的過失有很多種，如果對當事人太嚴，很容易構成過失，有了過失就不能撤銷錯誤的意思表示，所以我們要釐清過失這兩個字的界線到底為何。
有學者認為本條的過失應該解釋為「抽象輕過失」，當事人若未盡善良管理人之注意義務，而有所錯誤或不知情，即不得撤銷。（施啟揚）
實務上則採取具體輕過失。（99台上678判決）

聽完就覺得頭好昏喔！有沒有更簡單的理解方法呢？

換個比較好理解的說法，上千萬的名畫到底是真是假，你不花些錢請人來鑑定，甚至連找個自稱專家的人問問也沒有，當然是有抽象輕過失，不得撤銷。

這樣子比較看得懂了。
那什麼是抽象輕過失？什麼是具體輕過失？

過失責任，分為重大過失責任、具體輕過失責任、抽象輕過失責任。（請參照下圖）
再搭配上故意責任與不可抗力責任（無過失責任），總共可以分成五個等級。
簡單來說，就是不同等級賦予不同的注意義務，可依高低程度分為1至5等級，故意責任是（1），注意義務最輕微，接著依序是重大過失責任（2）、具體輕過失責任（3）、抽象過失責任（4），以及不可抗力責任（無過失責任，5），數字愈大、責任愈大。

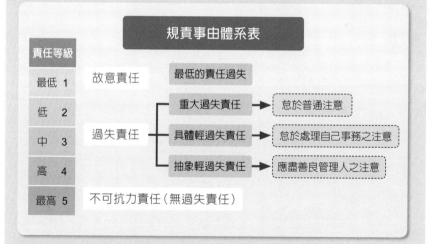

規責事由體系表

責任等級			
最低 1	故意責任	最低的責任過失	
低 2		重大過失責任	→ 怠於普通注意
中 3	過失責任	具體輕過失責任	→ 怠於處理自己事務之注意
高 4		抽象輕過失責任	→ 應盡善良管理人之注意
最高 5	不可抗力責任（無過失責任）		

好像不難理解。

再換一種講法。

一位大學生，對其要求不高，只需要做到小學生的境界，如果連小學生的注意力都做不到就要負責，稱之為重大過失責任。

如果要求其做到大學生的注意程度，但沒有做到就要負責，稱之為具體輕過失。

如果只是大學生，卻要求其做到研究生的程度，但沒有做到而要負責，稱之為抽象輕過失。

如果依照一些老師的見解，把第88條解釋為抽象輕過失責任，那代表要很小心不發生錯誤才能撤銷，會不會根本沒有撤銷的可能性？例如一般民眾誤認贗品為真畫而購買之，是否可以撤銷？

如果採取抽象輕過失，可能會要求民眾先做到找專家協助鑑定是否為真，沒有做到就會被認為有過失而無法撤銷。如果有找，可能就不會認為有過失。

如果採取具體輕過失，一般民眾也不知道如何找專家幫忙鑑定，只要有仔細翻書、仔細詢問，應該就會被認為沒有具體輕過失而得以撤銷。

不過就專業的畫商而言，在採取具體輕過失的情況下，因為他能獲得較完整的資源，找個專家幫忙鑑定並不困難，應該做而沒有做，就會被認為有具體輕過失而得以撤銷。

（具體輕過失的標準，會因為當事人的程度而有所差異）

【實務見解】99台上678判決

惟按民法第88條撤銷權之規定，乃係為救濟因表意人主觀上之認知與事實不符，致造成意思表示錯誤之情形而設，其過失之有無，自應以其主觀上是否已盡其與處理自己事務同一之注意為判斷標準。

● 寫法：民法第88條第1項但書之過失，實務上採具體輕過失之見解。（99台上678判決）

我差不多懂了，如果符合錯誤，就進入到是否有過失的審查。現在迫不急待地想來些考題測試一下自己的實力。

那就先來個簡單的題目，本題是有關誤B屋為A屋的錯誤，只要寫底下這題的問題一。

甲建商建獨門獨院2樓透天厝20戶待售，乙前去參觀後，甚中意其中之A屋，乃與甲所僱用之服務人員X簽定買賣契約，乙並對X給付定金50萬元，即房屋總價之十分之一，惟房屋在辦理產權移轉時，X竟以為甲要賣給乙的是值400萬元之B屋，乙在受領房屋、移轉產權時發現二者未有一致而拒絕受領。問：

一、本案甲、乙房屋買賣之契約，其效果如何？請就是否成立生效或得否撤銷論述之。

二、如乙仍拒絕買受，因買賣該房地所為開銷、支出，以及所失利益之損害，是否可以由何人向何人請求賠償？

【99三等地特-民法總則與刑法總則】

問題一感覺好空洞喔！

還好吧！成立生效要件，不就是
我們一直教的三元素。

對喔！當事人、意思表示、標的→成立要件。
當事人：有行為能力。
意思表示：健全無瑕疵。
標的：可能、確定、適法、妥當。

很清楚喔！所以你一個一個判斷，
這裡面是針對買賣契約。

我來試試看。
當事人：甲建商、乙→有行為能力。
意思表示：甲建商賣Ａ屋給乙（Ｘ誤為Ｂ屋），乙要買Ａ屋
→意思表示有瑕疵
標的：Ａ屋→可能、確定、適法、妥當。
所以……我想一下……
咦！契約有瑕疵，這樣子還會生效嗎？

賓果，不錯喔！
有抓到重點，在問題一中，出題者應該是要你釐清
這個重點。原始上的推論：意思表示不健全、有瑕
疵，就不生效力。但是法律並不希望任何意思表示
最後都因為一點點的瑕疵而趨於無效，反而是讓它
先有效，但可以行使「撤銷權」。

所以本題的討論，先論述契約是否成立生效，
再來討論撤銷的問題。

是的！如果契約沒有成立生效，何來撤銷的討論。
接著，本題進入到錯誤撤銷解題的SOP：
確認錯誤類型→若屬錯誤類型，則進入有無過失判斷。
記得一定要論述到有無過失之判斷，很多學生通常忘記這一段，往往認為屬於錯誤的類型之一，就直接跳到可以撤銷。

哈，我也是這樣子想耶！
那這應該是標的物本身的錯誤，也就是意思表示內容有錯誤囉。

是的！此外，這邊還穿插一個小考點，就是甲所僱用之服務人員X的錯誤，甲是否可以撤銷呢？

代理人之意思表示，因其意思欠缺，致其效力受影響時，其事實之有無，依第105條本文規定，應就代理人決之。……這是大前提的部分。
本題中，X誤A屋為B屋，為內容錯誤，但是X部分該如何論述有沒有過失呢？我看到某家補習班的解答只提到抽象輕過失，然後直接跳到沒有過失的結果而得撤銷，感覺很困惑？

過失判斷這個部分，可以描述比較仔細一些。
第88條第1項但書之過失，有學者採抽象輕過失之見解。據此見解，X為甲建商之專業服務人員，應賦予較高的注意義務，確認購買標的為基本程序，竟有誤認之情，應認X有過失而不得撤銷之。

但實務採具體輕過失（99台上678判決），且若X屬新手，則可能與一般民眾的程度無異，當X善盡與處理自己事務為同一之注意義務，自難認為其錯誤屬X的過失，而得許其撤銷。

這樣子寫，感覺比較有論述的感覺，而且這種專業人士居然犯此不該犯的錯誤，怎麼可以讓他恣意撤銷，就像是男人犯了不該犯的錯誤，有了小三，怎麼可以隨便讓他離婚呢？

你扯遠了……

➡ 條文引用法

談到這邊，來介紹條文寫法第二招「要血抽血」。簡單來說，撰寫法條依題意回答所需之部分即可。

例如，第92條第1項：「因被詐欺或被脅迫而為意思表示者，表意人得撤銷其意思表示。但詐欺係由第三人所為者，以相對人明知其事實或可得而知者為限，始得撤銷之。」

如果只考詐欺，寫法：因被詐欺而為意思表示者，依據第92條第1項本文規定，表意人得撤銷其意思表示。

如果只考脅迫，寫法：因被脅迫而為意思表示者，依據第92條第1項本文規定，表意人得撤銷其意思表示。

教授可以舉個例子嗎？

那我們舉一下地特戶政的題目，這一題以96台上2035的實務見解認為拍定人得以錯誤為由撤銷其意思表示，不過我們不討論這個實務見解，只討論錯誤的條文該如何引用。

甲在民國93年間，經由強制執行的拍賣程序，拍得乙所有的土地一筆，並繳納價金完畢，同時地方法院發給其土地所有權移轉證書，而取得土地所有權，地方法院隨之將價金分配給債權人丙。但經查甲在拍買前，曾向地政事務所人員請領拍賣土地的地籍圖，但因地政事務所人員的過失，誤發地籍圖謄本，故使其誤認其所拍買的土地是另一筆土地。

問：甲可以如何主張？

【102四等地特戶政-民法總則、親屬與繼承編概要】

 那既然拍定也可以將錯誤行為撤銷，讓我來嘗試寫一下。

（一）大前提：（請勿以此作爲答題時標題）

民法第88條第1項規定：「意思表示之內容有錯誤，或表意人若知其事情即不爲意思表示者，表意人得將其意思表示撤銷之。但以其錯誤或不知事情，非由表意人自己之過失者爲限。」同條第2項規定：「當事人之資格或物之性質，若交易上認爲重要者，其錯誤，視爲意思表示內容之錯誤。」

換言之，當事人意思表示內容有錯誤，非由表意人自己之過失者，得撤銷其意思表示。

（二）小前提：

依本題題意，甲在拍賣前，曾向地政事務所人員請領拍賣土地的地籍圖，業已善盡查證之責，僅因地政事

務所人員的過失，誤發地籍圖謄本，致使甲誤認其所
買的土地是另一筆土地，而拍定取得所有權。故其錯
誤或不知事情，非由表意人自己之過失者為限。

（三）結論：

甲之意思表示內容有錯誤，得撤銷其意思表示。

寫得很好，有條理，但如果內容寫得太
多，就必須要簡化一下，請依據先前我們
所學到的方式簡化。

這不難，可以調整如下：

（一）大前提：（請勿以此作為答題時標題）

意思表示之內容有錯誤，依據民法第88條第1項規定，
非由表意人自己之過失者，得撤銷之。

（二）小前題：

依本題題意，因地政事務所人員的過失，誤發地籍圖謄
本，故使甲誤認其所買的土地是另一筆土地，而拍定取
得所有權。

（三）結論：

甲得撤銷其意思表示。

非常好，你的申論題精簡功力已經很強了。

哈！那是教授教得好。

面對這種題目，如果內容簡化，有時候又會擔心不夠完備，所以我們可以繼續往下寫。

可是要寫什麼呢？

構成要件完備，就會產生法律效果，本題中意思表示內容錯誤→撤銷權。
如果撤銷後，又會產生什麼結果呢？

原來是說這個，接下來可以談論……
撤銷之後，依民法第114條第1項規定，視為自始無效。
當事人知其得撤銷或可得而知者，其法律行為撤銷時，依據民法第114條第2項準用第113條之規定，應負回復原狀或損害賠償之責任。
換言之，甲得請求回復原狀或損害賠償之權利。

【民法第113條】
無效法律行為之當事人，於行為當時知其無效，或可得而知者，應負回復原狀或損害賠償之責任。

【民法第114條】
I 法律行為經撤銷者，視為自始無效。
II 當事人知其得撤銷或可得而知者，其法律行為撤銷時，準用前條之規定。

不錯喔！寫一下撤銷後的法律效果，一筆帶過，這樣子也不會漏掉應得的配分。
如果還要再寫一些內容，可以寫一下民法第91條規定，其內容如下。

【民法第91條】
依第88條及第89條之規定撤銷意思表示時，表意人對於信其意思表示為有效而受損害之相對人或第三人，應負賠償責任。但其撤銷之原因，受害人明知或可得而知者，不在此限。

這個條文我很少複習，馬上來練習一下。
甲依據第88條規定撤銷其意思表示，依據民法第91條規定，表意人對於信其意思表示為有效而受損害之相對人或第三人，應負賠償責任。但其撤銷之原因，受害人明知或可得而知者，不在此限。……
（思考條文的意義中）咦！教授，我覺得這邊有點卡卡的，寫不下去了。

哪邊卡卡的，是卡到陰了嗎？

吼！教授，什麼卡到陰，講得那麼可怕。
因為我想要寫甲撤銷意思表示，不必對拍賣機關地方法院賠償，可是剛剛看了第91條，卻不知道該怎麼撰寫，結果我還是把條文先全部寫出來，但我也很清楚考試時很難把條文一字不漏地寫出來，所以有些灰心的感覺。

不必灰心！這邊的條文你只是比較少練習，少接觸就要多練習，跟之前我們的練習一樣，你只要想著「平時多流汗，戰時少流血」，現在辛苦一些，上了考場才會輕鬆自在。

讓我來幫你調整一下，請參考以下表格。

首先，你一邊聽我解說，一邊對照表格中的內容，因為剛剛已經寫過民法第88條，所以「依據第88條規定」可以省略。其次，對於需要負賠償責任，通常就是民法第91條本文之規定，可以這樣子寫：

某甲對於信其意思表示為有效而受損害之相對人或第三人，亦即拍賣機關與拍賣物之所有人，依第91條規定，應負賠償責任。

阿妹	教授
甲依據第88條規定撤銷其意思表示， 依據民法第91條規定，表意人對於信其意思表示為有效而受損害之相對人或第三人，應負賠償責任。但其撤銷之原因，受害人明知或可得而知者，不在此限………	甲撤銷其意思表示，對於信其意思表示為有效而受損害之相對人或第三人，亦即拍賣機關與拍賣物之所有人，依第91條規定，應負賠償責任。

對於不必賠償的對象，通常就是指但書的情況：「但其撤銷之原因，受害人明知或可得而知者」，即不必負賠償之責任。

最後，這一個題目有提到時間（93年），所以順便帶一下除斥期間之規定。

民法第90條規定：「前二條之撤銷權，自意思表示後，經過1年而消滅。」那就寫成下列格式：

本題甲於93年拍定該房屋並取得所有權，其撤銷權之行使，依據民法第90條有關除斥期間之規定，應於意思表示後1年內為之。

教授，那可不可以只寫依據民法第90條之規定，把除斥期間省略掉。

我建議還是保留，因為只是多寫「除斥期間」這幾個字，就能讓改考卷的老師看到後，知道你瞭解除斥期間的概念，說不定這邊也獲取2分。

哈！我懂了，用最精簡的文字讓答題更完整。

相關考題

甲將其收藏之臺灣畫家陳澄波的畫作出賣與乙，乙非因過失不知該畫係屬贗品，惟甲可得而知其事。越1年，乙發現上開情事，擬撤銷其意思表示，下列何者正確？ (A)乙得以物之性質，在交易上認為重要者為由，於發現錯誤後1年內，撤銷其錯誤之意思表示 (B)乙依民法錯誤之規定撤銷其意思表示後，對於甲應負損害賠償責任 (C)乙就該錯誤或不知情，沒有過失，其撤銷權自意思表示後，經過10年而消滅 (D)乙不得依民法詐欺之規定撤銷其意思表示。 【105四等警察-法學緒論】	(D)
阿明到便利超商買鹽，結果誤拿白糖而結帳，其意思表示之錯誤為下列何種類？ (A)意思表示內容錯誤 (B)重大動機錯誤 (C)表示行為錯誤 (D)傳達錯誤 【100地方特考五等-法學大意】	(C)
下列何者為單獨行為？ (A)締結贈與契約 (B)決議變更章程 (C)撤銷錯誤之意思表示 (D)修繕租賃標的物 【97公務初等-法學大意】	(C)
關於法律行為的撤銷，下列敘述何者錯誤？ (A)撤銷具有溯及效力，視為自始無效 (B)撤銷權之行使具有絕對之效力 (C)惡意當事人負回復原狀或賠償責任 (D)撤銷時必須向法院提起訴訟 【96五等地方公務-法學大意】	(D)

相關考題

意思表示因錯誤而主張撤銷者，應自意思表示後多久期間內行使其權利？　(A) 6個月　(B) 1年　(C) 2年　(D) 10年 【97民航人員-法學緒論】	(B)
被傳達人誤傳的意思表示，其效力如何？　(A) 有效　(B) 無效　(C) 得撤銷　(D) 效力未定 【97公務初等-法學大意】	(C)
意思表示因傳達人或傳達機關傳達不實時，該意思表示之效力如何？　(A) 無效　(B) 有效　(C) 非因表意人之過失者得撤銷　(D) 無論是否可歸責於表意人皆可撤銷 【97不動產經紀人-民法概要】	(C)

請閱讀下列案例事實，回答第一、二題。

甲欲購屋乙棟，至某市區別墅成屋工地參觀後，經閱覽建築平面圖及現場後，決定購買該別墅社區之C單位，但因不小心將圖上之C單位看成隔壁有路沖之D單位，故告訴建商乙要買D單位，雙方當場簽訂D單位之買賣契約，並約定翌日給付定金新臺幣30萬元及辦理其他相關手續，但因甲即刻要出國，裝潢等交屋後，甲再自力進行。甲返家後發現自己跟建商乙講錯單位，造成買錯房子，甲又很在意風水之事，故立即聯絡建商乙，但C單位當天晚一點亦業已賣出，無從替換。

一、本案之契約究竟是否已經締結成功？又甲於此情形下究竟應主張解除契約或是撤銷法律行為？請詳述理由說明之。

二、承前案例事實，若甲返家後並未發現錯誤，並於翌日出國，相關手續交給地政士代辦，並順利完成所有手續。移轉登記完畢後，地政士通知甲已經可以交屋，甲應訊返國後到現場一看才發覺買錯房子。假設甲成功解除或撤銷該屋之買賣契約，問該屋之所有權人究竟為誰？乙對甲又有那些請求權可資主張？請依法理詳述理由說明之。

【95地政士-民法概要】

甲向乙承租一店面經營自助餐廳，未定期限，約定每月一日支付租金。三個月後，甲發現營運收入未如預期，乃於第三個月的最後一日以意思表示錯誤為理由，表示欲撤銷該租賃契約。乙抗辯甲係動機錯誤，不得撤銷。甲主張其意思表示得轉換為終止契約。甲之主張有無理由？

【105高考-民法總則與刑法總則】

重點整理

⊙ 民法第88條是指一般錯誤的型態，可以分成「意思表示内容錯誤」以及「表示行為錯誤」兩種。

⊙ 内容錯誤有三種：

1. 法律行為性質的錯誤，例如將租賃關係誤為使用借貸關係。

2. 當事人本身的錯誤，是指當事人同一性的錯誤，如誤甲為乙，而與乙為法律行為。

3. 標的物本身的錯誤，例如誤糖為鹽而購買。

⊙ 第88條第1項但書的「過失」，實務上則採取具體輕過失。（99台上678判決）。

⊙ 撤銷權經過1年而消滅（民§90）。

⊙ 民法第91條規定，表意人對於信其意思表示為有效而受損害之相對人或第三人，應負賠償責任。但其撤銷之原因，受害人明知或可得而知者，不在此限。

15 意思表示健全無瑕疵（三）
詐欺脅迫

● 學習提要

> 　詐欺脅迫的規定並不複雜，稍微複雜一點的題目是有關於第三人的詐欺與第三人的脅迫，兩者有何不同？

● 解說園地

一、詐欺與脅迫之概念

　　民法上所謂的詐欺係指欲表意人陷於錯誤，故意以不實之事令其因錯誤而為意思表示而言。

　　脅迫，則是指以預告危害他人，使他人心生恐怖而為之意思表示。

二、詐欺與脅迫之法律效果

　　因被詐欺或被脅迫而為意思表示者，表意人得撤銷其意思表示。但詐欺係由第三人所為者，以相對人明知其事實或可得而知者為限，始得撤銷之。（民§92Ⅰ）

　　被詐欺而為之意思表示，其撤銷不得以之對抗善意第三人。（民§92Ⅱ）

　　詐欺或脅迫之撤銷，應於發見詐欺或脅迫終止後，1年內為之。但自意思表示後，經過10年，不得撤銷。（民§93）

　　舉一個第三人詐欺的例子，例如甲要賣花瓶給乙，甲的老媽跟乙

說此乃稀世真品「蟠龍花瓶」，乙相信甲的老媽的話，然後跟甲高價買了花瓶，實際上只是一個很普通的花瓶，必須要甲明知或可得而知媽媽所為的詐欺過程，乙才能夠撤銷之。

但如果是第三人脅迫呢？因為法律僅規定第三人詐欺時撤銷的限制條件，至於脅迫因為惡性較為重大，即便相對人不知脅迫之事實，均得撤銷之。

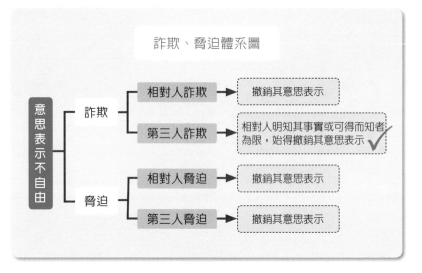

詐欺、脅迫體系圖

意思表示不自由 ─┬─ 詐欺 ─┬─ 相對人詐欺 ──→ 撤銷其意思表示
　　　　　　　　│　　　　└─ 第三人詐欺 ──→ 相對人明知其事實或可得而知者為限，始得撤銷其意思表示 ✓
　　　　　　　　└─ 脅迫 ─┬─ 相對人脅迫 ──→ 撤銷其意思表示
　　　　　　　　　　　　　└─ 第三人脅迫 ──→ 撤銷其意思表示

接下來進入到詐欺、脅迫。

沒錯，這是一個比較嚴重的狀況，也就是意思表示因為外力的影響，達到「不自由」的情況，包括詐欺、脅迫。

民法上所謂詐欺，係指欲使表意人陷於錯誤，故意示以不實之事，令其因錯誤而為意思表示而言。

脅迫，則是指以預告危害他人，使他人心生恐怖而為之意思表示。

那請問詐欺也是讓表意人陷於錯誤，跟第88條的錯誤有什麼不一樣呢？

差別點在於錯誤的起因。如果是相對人或第三人故意示以不實之事，例如我跟你說這是清朝乾隆時期的木雕，但其實是三義師傅昨天剛做好的，你信以為真而買了，這就是詐欺。

反之，如果是你自己單純以為是清朝乾隆時期的木雕，我什麼都沒有說，你自己也沒有問我，這是動機錯誤。

感覺上相對人或第三人做出一個不好的行為，比第88條錯誤還要嚴重許多。

是的，所以給表意人撤銷債權行為及物權行為之權利。第92條並不難，主要有下列重點：

1. 依第92條第1項但書規定，第三人詐欺，只有相對人明知其事實或可得而知者為限，始得撤銷之。
2. 依第92條第1項但書反面規定，第三人脅迫，表意人可以撤銷。

那還有什麼重點呢？

同條第2項規定，則是有關對抗善意第三人的問題，可以分成下列情況：

1. 詐欺：可以對抗惡意第三人，不可以對抗善意第三人（交易安全）。
2. 脅迫：被脅迫的人特別值得保護，因此無論善意或惡意都可以對抗善意第三人。

相關法條	記憶方法
【民法第92條】 I 因被詐欺或被脅迫，而為意思表示者，表意人得撤銷其意思表示。但詐欺係由第三人所為者，以相對人明知其事實或可得而知者為限，始得撤銷之。 II 被詐欺而為之意思表示，其撤銷不得以之對抗善意第三人。	92，九二共識正是老共對我們的詐欺與脅迫。
【民法第93條】 前條之撤銷，應於發見詐欺或脅迫終止後，1年內為之。但自意思表示後，經過10年，不得撤銷。	93，93軍人只需要服役1年。

感謝教授的詳細解說，我感覺還是很抽象，可以舉個例子嗎？

可以，那我先來一題基本的題型。

【第三人詐欺】
甲受第三人丙之詐欺，而將小提琴賣給乙，甲得否撤銷與乙間的買賣契約？

看起來變簡單的！可是不太有把握，教授是否可以及時修正？

沒問題，你寫一個段落，我就立即回饋。

那我的標題先用……
甲得否撤銷與乙間的買賣契約？

可以，因為這題的答案要分情況論述，結論會比較多，所以先用不確定的「得否」二字來寫，是蠻適當的。

接著先寫「大前提」。
依民法第92條第1項規定：「因被詐欺或被脅迫，而為意思表示者，表意人得撤銷其意思表示。但詐欺係由第三人所為者，以相對人明知其事實或可得而知者為限，始得撤銷之。」

可是這樣子感覺寫好多，而且寫得不太漂亮，讓我嘗試改一下：
因被詐欺而為意思表示，依第92條第1項本文規定，得撤銷其意思表示。同項但書並規定，若詐欺由第三人所為，以相對人明知其事實或可得而知者為限，始得撤銷之。
教授，這樣子寫可以嗎？

寫得很好，最後面還可以加一下反面解釋，若相對人不知其事實或無可得而知之情況，從保護交易安全之立場而言，法律上並未賦予表意人撤銷之權。

➡ 答題關鍵點

一、相關規定(大前提)

（一）因被詐欺而為意思表示，依第92條第1項本文規定，得撤銷其意思表示。同項但書並規定，若詐欺由第三人所為，以相對人明知其事實或可得而知者為限，始得撤銷之。

（二）反面解釋，若相對人不知其事實或無可得而知之情況，從保護交易安全之立場而言，法律上並未賦予表意人撤銷之權。

 要寫那麼多嗎？

 因為這一題看起來蠻單純的，所以可以再解釋清楚一些。

 接著我想要把小前提與結論寫在同一段。

 可以，如果你覺得很單純的題目，當然可以這麼做。

 好的！那小前提與結論寫在一起：
依題意，甲受第三人丙之詐欺而將小提琴賣給乙，則甲得否撤銷與乙間的買賣契約，端視乙是否明知其事實或可得而知第三人之詐欺行為，如果明知其事實或可得而知者，甲自得撤銷其意思表示；反之，則否。

 不錯，統整一下。

➡️ 答題關鍵點

甲得否撤銷與乙間的買賣契約？

（一）因被詐欺而為意思表示，依第92條第1項本文規定，得撤銷其意思表示。同項但書並規定，若詐欺由第三人所為，以相對人明知其事實或可得而知者為限，始得撤銷之。（大前提）

（二）依題意，甲受第三人丙之詐欺，而將小提琴賣給乙，則甲得否撤銷與乙間的買賣契約，端視乙是否明知其事實或可得而知第三人之詐欺行為，如果明知其事實或可得而知者，甲自得撤銷其意思表示；反之，則否。（小前提＋結論）

寫得很好，接著再讓我們乘勝追擊一下，試試另一種題型。

【善意第三人之保護】
甲受契約相對人乙之脅迫，將其汽車便宜賣給乙，乙隨即將該汽車出賣於丙，並讓與合意、交付之。問：甲得否向丙請求返還該汽車？

經由剛剛的學習，可以省略掉一些討論，直接把答案寫出來，請教授過目囉！

➡ 擬答

甲得否向丙請求返還該汽車？

(一) 甲得主張遭乙之脅迫

　　1. 因被脅迫而為之意思表示，依民法（以下略）第92條規定，表意人得撤銷其意思表示。

　　2. 甲遭乙脅迫，自得主張撤銷其債權行為與物權行為之意思表示。

　　3. 法律行為經撤銷者，依第114條規定，視為自始無效，乙未取得該小提琴之所有權。

　　4. 因脅迫而撤銷其意思表思，依據第92條第2項反面解釋，無論為善意或惡意第三人均得對抗之。

(二) 乙賣小提琴予丙之債權契約有效，物權行為為無權處分

　　1. 乙雖非小提琴之所有人，以自己名義賣給丙，惟買賣關係之債權契約並不以有處分權為必要，實務上亦採此一見解(37上7645)，故買賣契約成立生效。

　　2. 乙交付移轉小提琴之所有權予丙為無權處分，依第118條第1項規定，須經有權利人之承認始生效力。甲為小提琴之所有權人，依題旨若甲不承認，則乙丙間之交付移轉所有權之物權行為不生效力。

(三) 丙得否主張善意取得？

　　1. 此外，在物權編動產善意取得，依第801、948條規定，以占有人為善意者始得主張之。若丙得悉甲係受以脅迫，本即知悉甲乙間之法律行為無效，自無保護之必要，丙自不得主張善意取得。

　　2. 若丙屬善意第三人，則依第801、948條規定，得主張善意取得。惟若符合第949條之規定，若有其他非基於原占有人之意思而喪失其占有者，原占有人自喪失占有之時起2年以內，得向善意受讓之現占有人請求回復其物。

（四）結論：

丙若非屬善意為無權占有，甲得依第767條向丙請求返還小提琴。若丙為善意，則得主張善意取得。

不錯喔！特別要再強調的是，這類型的題型變化很多，在動產方面，要探討一下是否符合依第801、948條「善意取得」規定，甚至有時候會討論到第949、950條之規定；不動產的部分，則要討論一下是否有適用第759-1條不動產登記信賴保護之規定。

上述的內容中，寫法依然須依據三段論法的架構，說明如下：

1. 動產善意取得，依第801、948條規定，以占有人為善意者始得主張之。→（大前提）
2. 丙得悉甲係受以脅迫，本即知悉甲乙間之法律行為無效，自無保護之必要，丙自不得主張善意取得。→（小前提＋結論）。

甲有名畫一幅，委託丙代為出售該畫，並授予代理權於丙。乙的下屬丁得知乙甚為喜歡該畫，便瞞著乙私下威脅丙，「若不將該畫出售於乙，即殺害之」。丙受此脅迫心生恐懼，便以甲之名義將該畫出售予乙，並交付該畫。1年後，丙得知丁已去世，隨即向甲坦承係因受丁之脅迫方將該畫出售予乙。然此時乙已將該畫售予不知情的戊，並已為交付。試問，於上開情形中甲未受脅迫，甲可否向戊請求返還該畫？

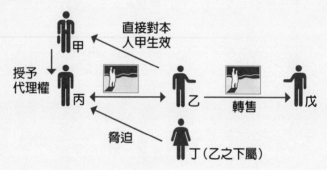

【108年地方特考】

➡ **擬答**

一、甲得否向戊主張返還該畫？

（一）甲乙間買賣契約關係：依民法第103條第1項規定，代理人於代理權限內之行為，以本人名義所為之意思表示，直接對本人發生效力。本題中，丙為甲之代理人，代理甲委託出售名畫一幅，於此範圍內，以甲名義所為之意思表示，直接對甲發生效力。

（二）代理人丙受第三人脅迫，本人甲是否撤銷契約？

　　1.脅迫有無就代理人決之：代理人被脅迫，其被脅迫事實之有無應就代理人決之，民法第105條本文有明文之規定。

2. 第三人脅迫，相對人是否知情：不管契約相對人乙知不知情，依民法第92條第1項但書之反面解釋，均可撤銷。

3. 小結：本題中，丙受第三人丁之脅迫而為意思表示，出售該畫於乙，不管乙是否知情，本人甲均可撤銷之。

(三) 甲可否向戊請求返還？

　　1. 若甲未撤銷意思表示：

　　(1) 乙戊之法律關係：乙縱非名畫之所有權人，依據民法第345條本文之規定，仍得與戊成立買賣契約關係。

　　(2) 倘甲未撤銷其意思表示，則甲乙間買賣契約債權關係與物權契約均成立，故乙已取得名畫之所有權。又乙戊間買賣契約有效，故戊取得名畫所有權。甲不得依民法第767條物上請求權請求戊返還該畫。

　　2. 若甲撤銷其意思表示：

　　(1) 依第93條規定，撤銷應於發見詐欺或脅迫終止後，1年內為之。另依第105條但書規定，代理權係以法律行為授予者，其被脅迫之事實有無，應就本人為之。本題中，1年後，丙得知丁已去世，隨即向甲坦承係因受丁之脅迫方將該畫出售予乙。則甲撤銷就被脅迫之事實，應就本人甲決之，故甲撤銷之意思表示尚未逾1年，故甲得撤銷其意思表示，故甲丁間買賣契約不成立，乙未取得名畫所有權。

　　(2) 乙出售名畫於戊，屬第118條之無權處分，戊未取得該畫之所有權。惟戊為善意第三人，可主張依第801及948條之規定，善意取得所有權。

　　(3) 另，第三人脅迫時，依民法第92條第2項反面推論，其撤銷得以之對抗第三人；惟此為總則之規定，戊仍可主張善意取得。

二、結論：本題中，交易安全之維護應優先於個人財產權之保護，故戊善意取得所有權，甲不得依第767條規定主張取得所有權。

【實務見解】58 台上 1938

因被脅迫而為之意思表示，依民法第92條及第93條之規定，表意人非不得於1年內撤銷之。而此項撤銷權，祇須當事人以意思表示為之，並不須任何方式，上訴人既於第二審上訴理由狀中表示撤銷之意思，倘被上訴人果有脅迫上訴人立借據情事，即不能謂上訴人尚未行使撤銷權。

非不得於1年內撤銷之：得於1年內撤銷之。

※ 記憶方法：

我爸（58）19歲的時候被老他一倍38歲的黑道恐嚇賣地。

相關考題

下列何種法律行為之法律效果是得撤銷？　（A）17歲之甲，未經法定代理人之允許，向20歲之乙購買重型機車　（B）甲未經乙之授權，以乙之代理人名義，與丙訂立房屋買賣契約　（C）甲未經乙之授權，以甲自己之名義，將乙之書所有權移轉於丙　（D）甲受乙之詐欺，陷於錯誤，將自己所有之當代名畫廉價出售於乙　【104司法三等-法學知識與英文】	（D）
被詐欺或被脅迫而為意思表示者，表意人得撤銷其意思表示。下列關於撤銷意思表示之期間的敘述，何者正確？（A）自發見詐欺或脅迫後，1年內為之。但自意思表示後，經過10年，不得撤銷　（B）自詐欺或脅迫終止後，2年內為之。但自意思表示後，經過10年，不得撤銷　（C）自發見詐欺或脅迫終止後，1年內為之。但自意思表示後，經過10年，不得撤銷　（D）自發見詐欺或脅迫終止後，2年內為之。但自意思表示後，經過10年，不得撤銷　【102三等地方特考-民法】	（C）

相關考題

乙因受丙之脅迫而將其珍藏之油畫一幅出售於甲，甲不知丙脅迫乙之情事，則甲、乙間買賣契約之效力為何？ （A）乙可主張被脅迫，而撤銷其出售之意思表示 （B）乙可主張此買賣契約效力未定 （C）甲得主張此買賣契約當然無效 （D）甲得主張此買賣契約不生效　　　　　　　　【101四等移民-法學知識與英文】	(A)
甲捏造事實，宣稱其能量水有治療肝病的療效，乙深信後與甲成立買賣契約。則買賣契約的效力如何？ （A）無效 （B）不成立 （C）效力未定 （D）得撤銷 【96四等地方公務-法學知識與英文】	(D)
下列各項撤銷權之行使中，何者不需聲請法院為之？ （A）暴利行為之撤銷 （B）有害債權人權利之撤銷 （C）社團總會決議之撤銷 （D）被詐欺或被脅迫所為意思表示之撤銷　　　【97初等人事經建政風-法學大意】	(D)

解析：
民法第74條第1項：「法律行為，係乘他人之急迫、輕率或無經驗，使其為財產上之給付或為給付之約定，依當時情形顯失公平者，法院得因利害關係人之聲請，撤銷其法律行為或減輕其給付。」
民法第244條第1項：「債務人所為之無償行為，有害及債權者，債權人得聲請法院撤銷之。」
民法第56條：「Ⅰ總會之召集程序或決議方法，違反法令或章程時，社員得於決議後3個月內請求法院撤銷其決議。Ⅱ但出席社員，對召集程序或決議方法，未當場表示異議者，不在此限。」

相關考題

甲威脅乙，要求乙將精華地段之土地出售於甲，否則要暴力相向，乙心生恐懼而將土地出售於甲。請問該買賣契約之效力如何？ (A)無效 (B)有效 (C)得撤銷 (D)效力未定 【97初等人事經建政風-法學大意】	(C)
乙因受丙之脅迫而將其所珍藏之古董出售於甲，甲為善意第三人，則此買賣契約之效力為何？ (A)不論甲是否為善意，乙均可主張其是被脅迫，而撤銷買賣契約 (B)甲為善意第三人，故乙不可主張其是被脅迫，而撤銷買賣契約 (C)此買賣契約無效 (D)此買賣契約不生效力 【96五等地方公務-法學大意】	(A)
甲將其收藏之臺灣畫家陳澄波的畫作出賣與乙，乙非因過失不知該畫係屬贗品，惟甲可得而知其事。越1年，乙發現上開情事，擬撤銷其意思表示，下列何者正確？ (A)乙得以物之性質，在交易上認為重要者為由，於發現錯誤後1年內，撤銷其錯誤之意思表示 (B)乙依民法錯誤之規定撤銷其意思表示後，對於甲應負損害賠償責任 (C)乙就該錯誤或不知事情，沒有過失，其撤銷權自意思表示後，經過10年而消滅 (D)乙不得依民法詐欺之規定撤銷其意思表示 【108普考-法學知識與英文】	(D)

試回答下列問題： 一、甲因受乙之受僱人丙詐欺而出賣其所有土地一筆給乙。甲得向乙主張何種權利？ 二、甲因受丁之要脅對其家人不利，而將房屋興建工程交由乙承攬。甲不欲履行契約，有無依據？ 【96升官等一般民行政-民法總則與刑法總則】
甲為受輔助宣告之人，贈與其汽車給乙，乙又將該車出賣給丙，並依讓與合意交付之。甲之輔助人丁不知甲乙間之法律行為，並嗣後得知甲受乙脅迫而贈與該車，丙明知甲受乙脅迫之事，但不知甲為受輔助宣告之人。試問：甲得否向丙請求返還該車？ 【105高考-民法總則與刑法總則】
甲有一幅名畫委由畫廊業者乙代理出售，因藝術價值高被丙覬覦已久，丙遂脅迫畫廊業者乙向甲詐稱該畫係仿冒品並不值錢，甲遂同意乙以低價出售並交付給丙。試問：此買賣行為之效力如何？【104高考-民法總則與刑法總則】

相關考題

甲詐欺乙致乙將其名下之A地廉價賣與丙。試問：

一、乙得否起訴聲請法院撤銷其出賣A地之意思表示？

二、乙將A地賣與丙，其效力是否及於乙在A地上興建之B屋及種植之C
樹？ 【100三等地特-民法總則與刑法總則】

重點整理

⊙ 第三人詐欺之情形，以相對人明知其事實或可得而知者為
限，始得撤銷之。

⊙ 被詐欺而為之意思表示，對於第三人之效力，其撤銷不得以
之對抗善意第三人，但可以對抗惡意第三人。

⊙ 第三人脅迫之情形，即便相對人不知其事實，亦得撤銷之。

⊙ 被脅迫而為之意思表示，對於第三人之效力，其撤銷無論是
善意或惡意第三人，均可對抗之。

16

意思表示
條件與期限

● 學習提要

> 條件，簡單來說是指A與B之間有個關卡C，當C存在時，才會出現B的結果。
>
> 期限，簡單來說是指什麼時候開始與什麼時候結束。

● 解說園地

一、條件

條件，指法律行為效力的發生或消滅，繫於將來成否客觀上不確定事實。

附停止條件之法律行為，於條件成就時，發生效力。（民§99Ⅰ）

附解除條件之法律行為，於條件成就時，失其效力。（民§99Ⅱ）

依當事人之特約，使條件成就之效果，不於條件成就之時發生者，依其特約。（民§99Ⅲ）

附條件之法律行為當事人，於條件成否未定前，若有損害相對人因條件成就所應得利益之行為者，負賠償損害之責任。（民§100）

因條件成就而受不利益之當事人，如以不正當行為阻其條件之成就者，視為條件已成就。（民§101Ⅰ）

因條件成就而受利益之當事人，如以不正當行為促其條件之成就者，視為條件不成就。（民§101Ⅱ）

二、期限

期限，指法律行為效力的發生或消滅，繫於將來確定發生的事實。

附始期之法律行為，於期限屆至時，**發生**效力。（民§102 I）

附終期之法律行為，於期限屆滿時，失其效力。（民§102 II）

第100條之規定，於前二項情形準用之。（民§102 III）

三、不許附條件的法律行為

基於私法自治原則，民法原則上容許當事人所為之法律行為附條件，但例外基於法律規定、公序良俗，或相對人利益之保護，不允許附條件。基本上分成兩類：

(一) 妨害相對人利益者：以形成權為主，否則會無法快速地確認當事人間的法律關係。例如，抵押權、撤銷權、承認權、選擇權、解除權、買回權等。

(二) 違背公序良俗等公益者：例如結婚、離婚、收養、認領等身分行為，繼承之承認與拋棄、票據行為等。

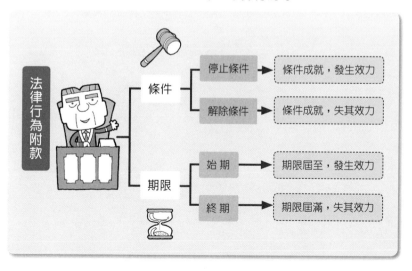

現在要進入到條件與期限階段了，這屬於體系中的哪個部分呢？

我把它分類到「意思表示」。首先要來簡單談一下條件的概念，所謂條件，是指以將來不確定客觀事實之成就與否，作為法律行為效力之發生或消滅之附款，可分為停止條件與解除條件。

停止條件，讓我先猜一下，就是這個條件發生了，原本的法律關係就停止。

呵呵！不是，跟你想的相反。
附停止條件之法律行為，是指於條件成就時，法律行為始發生效力。（民§99Ⅰ）
舉個例子，「如果你考上高考，我就買間房子送你。」買間房子送人，是贈與行為，但是發生效力的前提，在於受贈人能夠考上高考，考上高考，就是停止條件。

這個文字實在是設計不良，跟那個「消滅時效」一樣，讓人以為時間到了權利就消滅，結果不是消滅，只是有抗辯權。
所以，停止條件是說成否未定的狀況已經停止、不存在，例如公布榜單而考上高考。

這樣子講不錯。

感謝教授的讚美。可是這種字面解釋太難了，所以「解除條件」我就不敢猜了。

你不猜，那就可惜了，因為照著字面意思去猜就可以猜到。

附解除條件之法律行為，是指本來存在著一種法律關係，於條件成就時，法律行為失其效力而言。（民§99Ⅱ）

吼！我快昏倒了，這種感覺好像是玩股票，看著他一直漲卻不敢追，結果漲到最高點，受不了買一張卻開始下跌。

雖然沒有猜定義，但還是可以來舉個例子，在你唸大學的時候，我都持續支助你每個月5,000元，等你畢業找到工作後，就停止支助。所以，在唸大學的時候，一直存在著每個月5,000元的贈與關係，當畢業找到工作後，贈與關係就不再存在，所以畢業找到工作，就是解除條件。

不錯喔！例子舉得很好。

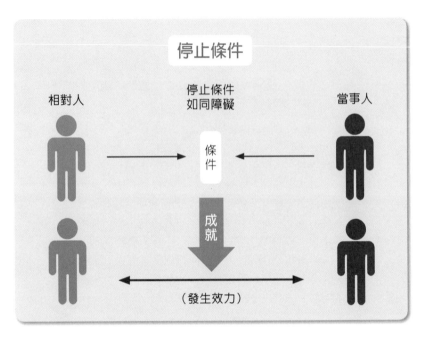

停止條件

相對人　　　　停止條件　　　　當事人
　　　　　　　如同障礙

條件

成就

（發生效力）

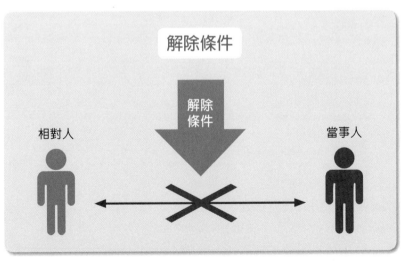

解除條件

解除
條件

相對人　　　　　　　　　　當事人

相關法條	記憶方法
【民法第99條】 Ⅰ 附停止條件之法律行為，於條件成就時，發生效力。 Ⅱ 附解除條件之法律行為，於條件成就時，失其效力。 Ⅲ 依當事人之特約，使條件成就之效果，不於條件成就之時發生者，依其特約。	99，在數字圖像卡中設定是九九神功，但下面的記憶有用到九九神功的概念，可以不需要用到九九神功的圖像，只需要設計一個稍微麻辣的內容即可。（心正，就不會想歪） Ⅰ 當你學會九九神功，就跟你來一次。（停止條件） Ⅱ 當你不行九九時，我們關係就解除。（解除條件） Ⅲ（略） 這樣不就一次把條號、停止條件、解除條件搞定，記憶法要儘量簡單，最好能和內容相整合。
延伸記憶，順便背第100條 第100條是期待權，條文內容是「附條件之法律行為當事人，於條件成否未定前，若有損害相對人因條件成就所應得利益之行為者，負賠償損害之責任。」近幾年如102三等身心障礙就有考過，你至少要寫出100條的條號吧！	記憶法也很簡單，接續前面99條，我期待與你100次。（請勿想歪）

【民法第102條】

Ⅰ 附始期之法律行為，於期限屆至時，發生效力。

Ⅱ 附終期之法律行為，於期限屆滿時，失其效力。

Ⅲ 第100條之規定，於前二項情形準用之。

接著讓我們來認識一下「期限」，它可以分成「始期」與「終期」。

這個蠻簡單的，例如當你明年生日（9月1日）時，這台汽車就是你的了，9月1日到的時候，就是期限屆至，贈與契約發生效力。

至於附終期之法律行為，就像是這台汽車送你，但是等我1月9日回國來就要還我，也就是說1月9日就是期限屆滿時，贈與契約就失其效力。

不錯喔！所以我早就說了，法律沒有那麼難，條文可以自己看得懂。

有沒有什麼實例題可以練習呢？

那先來個簡單的，與民法第100條「期待權」有關的考題。

何謂期待權？民法總則有何相關之規定？
【102三等身心障礙-民法總則與刑法總則】

好冷門的考題。

首先要準備好素材，內容如下：

（一）定義：

附條件之法律行為，在條件成就與否未確定前，當事人仍應受拘束，學者稱此之權利為期待權。（參照附條件買賣買受人之期待權，王澤鑑，《民法學說與判例研究（一）》）

（二）條文：

1. 第100條：「附條件之法律行為當事人，於條件成否未定前，若有損害相對人因條件成就所應得利益之行為者，負賠償損害之責任。」

2. 第102條第3項：「第100條之規定，於前二項情形準用之。」

（三）實務見解：

附條件之法律行為當事人於條件成否未定前，若有損害相對人因條件成就所應得利益之行為者，負損害賠償責任，民法第100條固定有明文。然此種期待權之侵害，其賠償責任亦須俟條件成就時，方始發生。蓋附條件之法律行為，原須俟條件成就時始得主張其法律上之效果，在條件成否未定之前，無從預為確定以後因條件成就時之利益，如其條件以後確定不成就，即根本無所謂因條件成就之利益。（69台上3986）

這實務見解也太長了，該怎麼寫呢？

至少要寫重點，參考寫法如下：

實務上認為「此種期待權之侵害，其賠償責任亦須俟條件成就時，方始發生。」（69台上3986）

記憶小口訣：本來期待可以吃到牛角（69），但只拿到三角褲（39）包起來的芭樂（86）。

相關考題

A向B說：如果你通過公務人員初等考試，我就送你一台平板電腦。此為附何者之法律行為？　(A)停止條件　(B)解除條件　(C)始期　(D)終期　【102初等一般行政-公民與英文】	(A)
老師與學生約定，如果學生考試考100分時，老師即贈送學生王建民棒球卡一套，該附款屬於：　(A)停止條件　(B)解除條件　(C)負擔　(D)期限　【100地方特考三等-民法】	(A)
下列何種法律行為可以附條件？　(A)選擇權的行使　(B)拋棄繼承　(C)土地所有權的移轉　(D)認領非婚生子女　【97公務初等一般行政-法學大意】	(C)

解析：
選擇權是形成權的一種，拋棄繼承、認領非婚生子女都是身分行為，不允許附條件。

身分行為是否可以附加條件？　(A)可以　(B)不可以　(C)視行為之類型而定　(D)視條件之內容而定　【96公務初等人事經建-法學大意】	(B)
甲向乙說：乙考上高考時，甲即送乙汽車一部，乙感謝再三。關於甲乙的贈與契約，下列何者敘述正確？　(A)贈與契約附停止條件　(B)贈與契約效力未定　(C)贈與契約無效　(D)贈與契約得撤銷　【97民航人員-法學知識】	(A)
乙向甲承租房屋，同時約定乙高考考上時，即不再承租。關於甲乙的租賃契約，下列敘述何者正確？　(A)租賃契約附解除條件　(B)租賃契約無效　(C)租賃契約效力未定　(D)租賃契約不成立　【97基層警察-法學緒論】	(A)
甲對乙表示說：「若你1年內戒除抽菸習慣，就帶你去日本北海道玩5天。」甲允受之。則甲乙之間的法律行為係為：　(A)附消極條件之停止條件　(B)附積極條件之停止條件　(C)附積極條件之解除條件　(D)附消極條件之解除條件　【97公務初等一般行政-法學大意】	(A)

相關考題

丙受僱於位在臺北市東區由丁經營之個人美髮工作室，並接受丁之指導學藝。丙、丁約定「丙離職後3年內不得獨立從事美髮工作。如有違反，丙應賠償丁新臺幣50萬元」。未料丙學藝完成離職後，第2年即自行於高雄開設個人美髮工作室，知悉此情之丁乃以丙違反前述約定，請求丙賠償50萬元。丁之主張是否有理？
【103高考-民法總則與刑法總則】

甲詐欺乙使乙與不知情之丙訂立買賣契約，事後乙發現被甲詐欺而欲撤銷該契約。試問：
一、若甲為丙之代理人與乙締約，乙得否向丙撤銷該契約？
二、若甲為丙死後之單獨繼承人，乙得否向甲撤銷該契約？
【102三等地方特考-民法（包括總則、物權、親屬與繼承）】

重點整理

⊙ 條件與期限的考題不難，只要把條號與重點內容熟記即可。

⊙ 期待權：69台上3986

※ **記憶法**：本來期待可以吃到牛角（69），但只拿到三角褲（39）包起來的芭樂（86）

⊙ 條件與期限的相關條文

【民法第99條】

Ⅰ 附停止條件之法律行為，於條件成就時，發生效力。

Ⅱ 附解除條件之法律行為，於條件成就時，失其效力。

Ⅲ 依當事人之特約，使條件成就之效果，不於條件成就之時發生者，依其特約。

【民法第100條】

附條件之法律行為當事人，於條件成否未定前，若有損害相對人因條件成就所應得利益之行為者，負賠償損害之責任。

【民法第101條】

Ⅰ 因條件成就而受不利益之當事人，如以不正當行為阻其條件之成就者，視為條件已成就。

Ⅱ 因條件成就而受利益之當事人，如以不正當行為促其條件之成就者，視為條件不成就。

【民法第102條】

Ⅰ 附始期之法律行為，於期限屆至時，發生效力。

Ⅱ 附終期之法律行為，於期限屆滿時，失其效力。

Ⅲ 第100條之規定，於前二項情形準用之。

17

標的
哪些是民法的標的？

● 學習提要

> 當事人、意思表示、標的，現在進入到「標的」的學習。
> 首先要知道的是「標的」有哪些種類。

● 解說園地

一、不動產

稱不動產者，謂土地及其定著物。（民§66Ⅰ）

不動產之出產物，尚未分離者，為該不動產之部分。（民§66Ⅱ）

不動產的物權變動，採「登記主義」。依據民法第758條規定：「不動產物權，依法律行為而取得設定、喪失、及變更者，非經登記，不生效力。」

二、不動產之類型

（一）土地

土地，包括地上、地面及地下。

（二）定著物

定著物，是指非土地的構成部分，繼續密切附著於土地，不易移動，具有一定的經濟上效用之物。例如紀念碑、橋樑等。還在蓋的房屋，如果已經足以遮蔽風雨，達到經濟上使用的目的，也是屬於定著物。（63民庭6）

（三）不動產之出產物

不動產之出產物，尚未分離者，為該不動產之部分。（民 §66 Ⅱ）

例如種植樹木、稻米等，並非定著物。所以，出產物屬於土地所有權人所有，如果是承租人種植的，也只有收取權，沒有所有權。若趁別人不在家，在他人土地上偷種農作物，因為既非所有權人，也沒有收取權，採收會構成侵權行為。

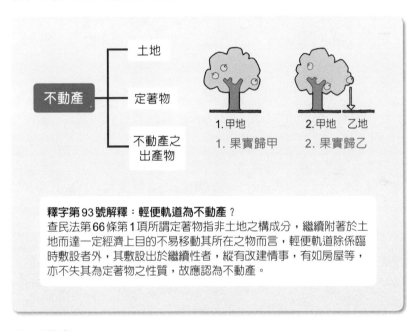

釋字第93號解釋：輕便軌道為不動產？
查民法第66條第1項所謂定著物指非土地之構成分，繼續附著於土地而達一定經濟上目的不易移動其所在之物而言，輕便軌道除係臨時敷設者外，其敷設出於繼續性者，縱有改建情事，有如房屋等，亦不失其為定著物之性質，故應認為不動產。

三、動產

稱動產者，為前條所稱不動產以外之物。（民 §67）

動產的變動採取「交付主義」，依據民法第761條第1項規定：「動產物權之讓與，非將動產交付，不生效力。」

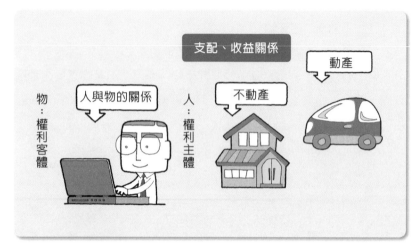

四、主物與從物

　　非主物之成分，常助主物之效用，而同屬於一人者，為從物。但交易上有特別習慣者，依其習慣。(民§68Ⅰ)主物與從物都必須是實體存在，如果是主物的成分，例如鉛筆與筆芯、茶壺與壺蓋，都是一物，只是物品成分的名稱有所不同，並不具備主物與從物之間的關係。

　　所謂「常助主物之效用」，是指應以有輔助主物之經濟目的，與之相依為用，客觀上具恆久之功能性關聯，而居於從屬關係者，始足當之。倘僅具暫時輔助他物之經濟目的，或縱與之分離亦不致喪失他物之利用價值或減損其經濟效用者，均難認為係該物之從物。

五、處分主物之效力

　　主物之處分，及於從物。(民§68Ⅱ)

　　處分，包括債權行為與物權行為。民法第118條第1項規定之「無權利人就權利標的物所為之處分，經有權利人之承認始生效力。」此一規定之處分，是指物權行為及準物權行為，並不包括負擔行為。

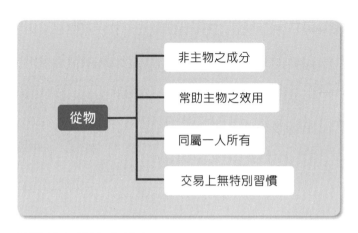

六、天然孳息與法定孳息

稱天然孳息者，謂果實、動物之產物及其他依物之用法所收穫之出產物。(民§69Ⅰ)有收取天然孳息權利之人，其權利存續期間內，取得與原物分離之孳息。(民§70Ⅰ)

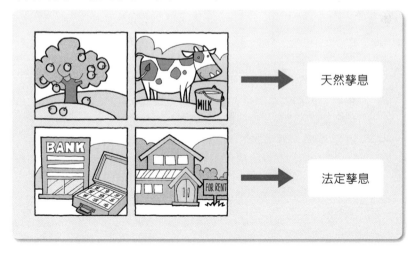

【實務見解】

　　有權收取天然孳息之人，不以原物之所有權人為限。（51台上字第873號判例）

　　土地所有人於所有權之作用，就其所有土地固有使用收益之權，但如將所有土地出租於人而收取法定孳息，則承租人為有收取天然孳息權利之人，在租賃關係存續中，即為其權利之存續期間，取得與土地分離之孳息。（48台上字第1086號判例）

　　稱法定孳息者，謂利息、租金及其他因法律關係所得之收益。（民§69 II）

　　有收取法定孳息權利之人，按其權利存續期間內之日數，取得其孳息。（民§70 II）

接著我們來談「標的」。

標的要可能、確定、適法、妥當，我沒忘記喔！

標的是契約的重心所在，規定如見第199至218-1條。以買賣房子為例，房子就是買賣契約的標的。
所以當事人意思表示一致，就必須依據意思表示之內容來完成標的之給付過程。所以依據第199條第1項規定：「債權人基於債之關係，得向債務人請求給付。」給付的範圍很廣，即使是不作為也是給付。（民法§199 III）

但是第199條已經跳脫出民法總則的範圍了。

在形式上確實超出民法總則的範圍，主要原因是民法總則只是為了避免重複性規定，並不是說民法總則是講民法的基本架構，所以在體系上卻是要一起看；國家考試的科目雖然是民法總則，卻常常會考到其他篇章的範圍。

是的，我記得教授在一開始就提過了。

那我們來看看民法總則中，有關標的之規定所談類型。
第66至67條：關於不動產與動產。
第68條：關於主物與從物。
第69至70條：關於天然孳息與法定孳息。

看起來都是一些定義型的內容。
稱不動產者，謂土地及其定著物。（民§66Ⅰ）
不動產之出產物，尚未分離者，為該不動產之部分。（民§66Ⅱ）
什麼是出產物呢？

例如稻米，還沒有收割之前，栽種的稻米都是屬於不動產的部分。國家考試中，常會出這類型的考題：甲趁乙出國在外，未經允許在乙地種稻米，該稻米所有權屬於何人？

不動產之出產物，尚未分離者，依第66條第2項，為該不動產之部分。（大前提）
所以這些稻米尚未分離時，屬於該不動產之部分，而不動產乙地所有權屬於乙，即便為甲出資購買稻米之種子，仍屬於乙所有。（小前提＋結論）

不錯！論述上已經有模有樣了。

接下來是主物與從物，像是電視機與遙控器。

主物與從物，兩者之區別是基於兩者在效用上彼此之關係，可以分為主物與從物而言。主物，是指具有獨立經濟效用之物，此採相較於從物之定義而言，我國對於主物並無加以定義。

主物之處分，依據第68條第2項，及於從物。像是你剛剛所講的電視機與遙控器的例子，當你賣了電視機，即使沒有說要賣遙控器，但實際上電視機的買賣契約的效力已經及於從物遙控器。

所以這一條的「處分」，與第118條不一樣，還包括債權行為嗎？

一般認為這一條的「處分」，屬於最廣義的處分，包括了法律上的處分與事實上的處分。

法律上的處分則包括負擔行為（債權行為）與處分行為（物權行為與準物權行為）。

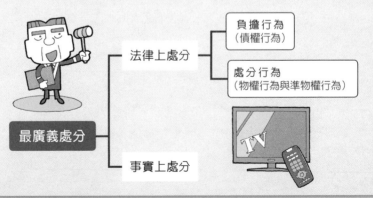

那第69至70條，是談有關孳息的分類？

是的，孳息分成「天然孳息」與「法定孳息」。
稱天然孳息者，依第69條第1項規定，謂果實、動物之產物及其他依物之用法所收穫之出產物。舉個例子，像是牛的牛奶、芒果樹的芒果。
稱法定孳息者，依第69條第2項規定，謂利息、租金及其他因法律關係所得之收益。舉個例子，像是借錢給別人所收的利息、租房子給別人的租金。

第70條的重點是什麼？

第70條，有幾個概念上的重點：
1. 無論是天然孳息或法定孳息，有收取權利之人才可以取得孳息。
2. 天然孳息的重點，在於孳息「與原物分離」，例如牛奶從乳牛身上分離、果實從果樹上分離。法定孳息的重點，則是「權利存續期間內之日數」，多了「日數」的概念，因為法定孳息通常是以一定的日數來計算孳息，例如借100萬元，借了1年，1年的利息是10%，所以要給付利息10萬。

感謝教授清楚的解說，那可以來些考題測試一下嗎？

可以啊！

甲所有之土地出租予乙，乙於該土地上種植果樹，租期屆滿後，果樹結滿果實，乙乃逕行前往採取，嗣為甲所知。則該果樹及果實應歸屬何人所有？請附理由。甲可否請求乙返還已採取之果實（若不能返還原物，則賠償相當之金額）？

【102高考戶政-民法總則、親屬與繼承編】

讓我看一下題目（思考中）。

這一題看起來不難，乙承租土地種植果樹，那應該就是歸乙所有，甲怎麼可以請求乙已採取之果實返還呢？這一題是否題目出錯了？

呵呵！你有一個關鍵點沒看到！

哪裡？

乙於該土地上種植果樹，「租期屆滿後」，果樹結滿果實，乙乃逕行前往採取。

對喔！乙是在租期屆滿後才取摘採果實，因為是「租期屆滿後」，要探討乙是否還是「有收取天然孳息權利之人」？

所以第一個問題「該果樹及果實應歸屬何人所有？」，應該會解了吧！讓我們來嘗試寫一下答案。

➡ 擬答

一、果樹及果實之歸屬：

(一)甲乙間有特別約定：依據當事人意思自主原則，若契約另有訂定，則應依契約規定果樹、果實之所有人。

(二)甲乙間無特別規定：若無約定，則依據民法下列規定：

1. 果樹部分：

(1)不動產之出產物，尚未分離者，依第66條第2項，為該不動產之部分。(大前提)

(2)本題，乙向甲承租土地，並於該土地上種植果樹，果樹尚未與土地分離，依前開第66條第2項規定，為該不動產之部分，故為不動產所有權人甲所有。(小前提＋結論)

2. 果實部分：

(1)採收前之果實，依前開第66條第2項規定，為該不動產之部分，故為甲所有。(註：這邊就不必再寫「不動產所有權人甲所有」，簡寫為「甲所有」即可)

(2)採收後之果實，依第69條第1項，果實為天然孳息。此一與原物分離之孳息，依70條第1項規定，由有收取天然孳息權利之人，於其權利存續期間內取得之。若於租賃期間內，實務上認為：承租人為有收取天然孳息權利之人，取得與土地分離之孳息。(48台上1086)

(3)本題，乙採取果實是在租期屆滿後，已非有採收權之權利存續期間，故乙無此孳息之採收權，仍為甲所有。

二、甲可否請求乙返還已採取之果實？

（一）甲為果實之所有人，已如前述，對於無權占有或侵奪其所有物者，依第767條第1項規定，得行使物上請求權，請求返還之。

（二）另乙無法律上原因，受有利益，致所有權人受有損害，甲得依第179條主張不當得利返還。

（三）若以有故意或過失致甲受有損害，甲亦得依第184條第1項前段主張侵權行為損害賠償。

這樣子說明就好清楚，但在第二小題部分，我要怎樣才能像教授一樣寫得那麼完整。

王老師有一個思考的SOP。

＊1. 契約
　2. 類似契約
　3. 無因管理
＊4. 不當得利（民§179）
＊5. 侵權行為（民§184）
＊6. 物上請求權（民§767）
　7. 其他

照著這個順序思考，大概就不會遺漏什麼權利。

（註：＊表示常出現於考題）

這個好用，謝謝教授。

我再補充一下不當得利返還請求權與損害賠償請求權的一個實務見解。

不當得利返還請求權與損害賠償請求權，法律上之性質雖有未同，但二者訴訟上所據之事實如屬同一，則原告起訴時雖係基於侵權行為之法律關係，然在訴訟進行中於他造為時效之抗辯後，亦不妨再基於不當得利之請求權而為主張。（56台上3064）

這在講什麼？看完頭都暈了。

是說損害賠償請求權若經時效而遭對方抗辯時，不當得利請求權還未罹時效消滅，還是可以主張之。

喔！還是教授講得簡單。

大腦神經學的觀點——別相信你的感官。像是你相信某件事情是真的，雖然你知道那件事情是真的，也不表示那就是真的。戰鬥機駕駛員最重要的座右銘「信任你的儀器」，這是由於你的感官都會對你講最可恥的謊言。假使你相信它們，而不信任你的座艙儀表，你就會墜機。（《躲在我腦中的陌生人》，第77頁）

從這一段文字中，我們要小心題目的陷阱，所以要「仔細閱讀」考題，不要讓大腦進入模糊閱讀的狀態，否則可能會誤以為是考古題出現過的題型，而沒注意到出題者設下的陷阱。

【實務見解】

土地所有人於所有權之作用，就其所有土地固有使用收益之權，但如將所有土地出租於人而收取法定孳息，則承租人為有收取天然孳息權利之人，在租賃關係存續中，即為其權利之存續期間，取得與土地分離之孳息。（48台上1086）

※ 記憶方法：

骰子（48）只要擲到10，就能獲得孳息芭樂（86）。

相關考題

下列何者是定著物？　(A)還長在土地裡的地瓜　(B)固定在土地上的高鐵軌道　(C)挖掘的池塘　(D)廟前臨時搭架的歌仔戲臺　【104普考-法學知識與英文】	(B)
請問下列何者係物之重要成分？　①房屋的樑柱　②土地上種植的果樹　③腳踏車的警鈴　④汽車的備用輪胎　⑤土地上的圍牆　(A)①②　(B)①③　(C)②④　(D)④⑤　【100地方特考四等-民法概要】	(A)
下列何者並非不動產？　(A)辦公大樓　(B)農舍　(C)土地　(D)為供表演臨時搭建的舞台　【97四等關務警特-法學知識與英文】	(D)
甲未經乙、丙之同意，擅自挖起乙的鐵樹，種植在丙的土地上，鐵樹屬何人所有？　(A)甲　(B)乙　(C)丙　(D)乙、丙共有　【97初等人事經建政風-法學大意】	(C)
甲拿乙的果實種子，撒在丙的果園之中，果實種子發芽長成小樹後長出滿滿的果實。請問：該果樹上的果實是誰的？　(A)甲　(B)乙　(C)丙　(D)甲和乙　【96五等地方公務-法學大意】	(C)

相關考題

甲種植之果實因風吹落至乙之庭院，該果實屬誰所有？　(A)乙　(B)甲　(C)甲乙共有　(D)路人　【97消防不動產-民法概要】	(A)
下列何者非「不動產」？　(A)土地　(B)定著物　(C)長於蘋果樹上之蘋果　(D)蘋果樹上之蘋果摘下後又以快乾膠黏妥，看不出分離過之痕跡　【97消防不動產-民法概要】	(D)
下列關於「動產」與「不動產」的敘述，何者錯誤？　(A)土地上長出的花草在與土地分離之前，屬於土地的部分　(B)無論動產或是不動產，一個物只有一個所有權　(C)主物是指不動產，從物是指動產　(D)家裡養的狗屬於動產　【98四等退除役轉任公務-法學知識與英文】	(C)
下列何者為動產？　(A)樣品屋　(B)土地　(C)生長於土地上之果樹　(D)房屋　【96五等錄事-法學大意】	(A)
依民法第68條第1項本文之規定，非主物之成分，常助主物之效用，而同屬於一人者，稱為：　(A)附屬物　(B)附著物　(C)添附物　(D)從物　【96公務初等一般行政-法學大意】	(D)
下列對於「從物」之敘述何者錯誤？　(A)非主物之成分　(B)主物與從物同屬一人　(C)常助主物之效用　(D)主物之處分，不及於從物　【97消防不動產-民法概要】	(D)
下列何者具有主物與從物的關係？　(A)土地與房屋　(B)錄影機與遙控器　(C)汽車與車庫　(D)鉛筆與鉛筆盒　【97初等人事經建政風-法學大意】	(B)
下列何者具有主物與從物的關係？　(A)土地與房屋　(B)電視機與其遙控器　(C)書桌與抽屜　(D)住家與書桌　【97基層警察-法學緒論】	(B)
民法關於物之規定，下列敘述，何者錯誤？　(A)不動產以外之物即為動產　(B)從物乃主物之部分，二者不可分割　(C)依法律行為取得之不動產物權須經登記　(D)不動產乃指土地及其定著物　【102司特五等-法學大意】	(B)

相關考題

利息、租金及其他因法律關係所得之收益稱為： (A)主物 (B)從物 (C)天然孳息 (D)法定孳息 【96公務初等人事經建-法學大意】	(D)
下列何者非天然孳息？ (A)果實 (B)動物之產物 (C)其他因法律關係所得之收益 (D)其他依物之用法所收穫之出產物 【97鐵公路-民法大意】	(C)
下列何者不是羊的天然孳息？ (A)已排放之羊糞 (B)已剪取之羊毛 (C)已烹飪之羊肉 (D)已汲取之羊乳 【102四等地方特考-民法概要】	(C)
下列何者不屬於民法所稱之「天然孳息」？ (A)果實製成之罐頭 (B)礦山之礦物 (C)竹筍園之竹筍 (D)乳牛之牛乳 【102初等人事行政-公民與英文】	(A)
所有人甲的下列二物之間，何者不具民法規定之主物與從物的關係？ (A)筆記型電腦與隨身碟 (B)電視機與遙控器 (C)汽車與備胎 (D)眼鏡與眼鏡盒 【107普考-法學知識與英文】	(A)
甲詐欺乙致乙將其名下之A地廉價賣與丙。試問： 一、乙得否起訴聲請法院撤銷其出賣A地之意思表示？ 二、乙將A地賣與丙，其效力是否及於乙在A地上興建之B屋及種植之C樹？ 【100三等地特-民法總則與刑法總則】	
何謂定著物？其有何特性？下列各項是否為定著物？ 一、輕便鐵道 二、園中之果樹 三、興建中之房屋 【96原住民-民法刑法總則研究】	

解析：
定著物的題目蠻常出現於國家考試中，因此對於定著物的的定義要非常熟悉，應熱背上述釋字第93號解釋的定義。園中之果樹，則涉及到不動產出產物的問題。興建中之房屋，則涉及到定著物中，是否已經達於一定經濟目的的探討。

民法總則

重點整理

⊙ 果樹及果實之歸屬，是常見的考題。

⊙ 條文整理

【民法第66條】

Ⅰ 稱不動產者，謂土地及其定著物。

Ⅱ 不動產之出產物，尚未分離者，為該不動產之部分。

【民法第67條】

稱動產者，為前條所稱不動產以外之物。

【民法第68條】

Ⅰ 非主物之成分，常助主物之效用，而同屬於一人者，為從物。但交易上有特別習慣者，依其習慣。

Ⅱ 主物之處分，及於從物。

【民法第69條】

Ⅰ 稱天然孳息者，謂果實、動物之產物及其他依物之用法所收穫之出產物。

Ⅱ 稱法定孳息者，謂利息、租金及其他因法律關係所得之收益。

【民法第70條】

Ⅰ 有收取天然孳息權利之人，其權利存續期間內，取得與原物分離之孳息。

Ⅱ 有收取法定孳息權利之人，按其權利存續期間內之日數，取得其孳息。

18 可能、確定、適法、妥當

● 學習提要

> 當事人、意思表示、標的，現在進入到「標的」的學習。
>
> 接著，「標的」有四個議題要討論，就是可能、確定、適法與妥當。

● 解說園地

一、可能

標的必須有<u>履行實現</u>之可能，作為法律行為之生效要件。例如雙方約定將標的物運送到織女星座，以目前的科技而言，並不具備此種科技，因此實際上並沒有履行之可能性。

二、確定

標的必須確定或可得確定，否則法律行為無效。例如水果攤買香蕉，攤子上有好幾串香蕉……

顧客：給我來一串香蕉。

老闆很客氣地說：要哪一串啊？

顧客很不耐煩地回說：隨便啦！你幫我挑，好吃的就好。

老闆摸了摸香蕉：這一串如何，正熟，回去馬上可以吃。

顧客：就這串。（代表確定了）

可得確定，例如種類之債，於債務人交付其物之必要行為完結時

確定，或者是經債權人同意，指定其應交付之物。（民§200Ⅱ）選擇之債，除法律規定或契約另有訂定者，其選擇權屬於債務人，於選擇之時確定。（民§208）

三、適法

法律行為之標的不得違反法律強制或禁止之規定。（民§71）例如甲向乙購買軍火，依據槍砲彈藥刀械管制條例第5-1條規定：「手槍、空氣槍、獵槍及其他槍砲、彈藥專供射擊運動使用者，非經中央主管機關許可，不得製造、販賣、運輸、轉讓、出租、出借、持有、寄藏或陳列。」所以，依據民法第71條規定，未經許可，買賣軍火之契約屬於違反禁止規定而無效。

四、妥當

標的，不得違背公共秩序或善良風俗。

民法第72條規定：「法律行為，有背於公共秩序或善良風俗者，無效。」但是並非所有違反公共秩序或善良風俗的行為，都是無效；例如詐欺、脅迫或暴利行為，僅是得撤銷。

前述規定每月做愛3次的包養契約，或者是請槍手代為參加考試，作為贈與之原因，違反本條公序良俗的規定。

接著來談談「標的」的生效要件：可能、確定、適法、妥當。

這個部分是談什麼，怎麼有四個項目？

這個很簡單，如果契約內容是：「我送你到太陽旅行一次。」你認為契約有效嗎？

太陽！這怎麼可能，還沒到太陽就已經熱死了。說這種承諾的人，大概是想要騙涉世未深的小女生吧！

對啊！怎麼可能騙得了你啊！你那麼資深……

教授，怎麼可以說女生資深，哼！

哈！別生氣啦！我們言歸正傳。
可能：標的，必須有履行實現之可能。
確定：標的，必須確定或可得確定。
適法：法律行為之標的不得違反法律強制或禁止之規定。（民法第71條規定：「法律行為，違反強制或禁止之規定者，無效。但其規定並不以之為無效者，不在此限。」）
妥當：標的，不得違背公共秩序或善良風俗。（民法第72條規定：「法律行為，有背於公共秩序或善良風俗者，無效。」）

什麼是「確定」呢？

很簡單，如果有人說要送你一個東西，但一直說是一個東西，太神秘了，這種連送你是什麼都搞不清楚，標的無法確定之契約，又要如何生效呢？

也對！教授這樣子講我就清楚了，那我明年準備送你一個東西。

真的嗎？是什麼？好期待喔！

 秘密。

吼，原來是逗我的。

 開開玩笑啦！言歸正傳，那什麼是「適法」呢？

刑法處罰販賣毒品的行為，這一點你知道嗎？

 我當然知道啦！

買賣毒品就是買賣不適法的契約標的，契約並不會生效。像是女明星如果去買毒品，但後悔了不想買，買賣契約根本沒有生效，毒販也不能依據毒品買賣契約來主張。

 原來這麼簡單。那最後一個「妥當」呢？

如果你常看新聞，會看到有些行為讓你覺得很不舒服、很不道德，例如做愛抵債，或者是每月給小三10萬元，但小三必須要陪睡5次。

 好噁心喔！這種違反公序良俗的契約，可不能生效啊！
趁我記憶還猶新的時候可以來點考題，趕緊練習一下……

那先來個簡單的，底下這題的問題一。

下列各行為，其效力如何？

一、夫妻間為恐一方於日後或有虐待或侮辱他方情事，而預立離婚契約。

二、甲之子乙擅自將甲之古董一件讓與丙。

【99三等地特－民法總則與親屬編】

第一小題看起來應該是民法第72條違反公序良俗的條文，但如果寫條文，好像又太簡單了。

可以寫一下實務上的見解，以下是參考寫法：

預立分居或離婚協議，雖當事人雙方意思表示一致，然因契約標的有背於善良風俗，依據民法第72條規定，仍屬無效。

實務見解亦認為：夫妻間為恐一方於日後或有虐待或侮辱他方情事，而預立離婚契約者，其契約即與善良風俗有背，依民法第72條之規定應在無效之列。（50台上2596）

次論，即便有效，但因我國採取登記婚主義，結婚或離婚都需要向戶政機關辦理離婚之戶籍登記，在兩願離婚之情況，若當事人一方不願意配合辦理離婚登記，也無法發生離婚之效力。

※記憶方法：50年婚姻，25年就溜（96）

但是，我覺得這樣子說法怪怪的。國外結婚的時候好像都會簽訂離婚協議條款，這樣子的條款真的違反公序良俗嗎？

公序良俗的概念很抽象，現在違反公序良俗，不代表未來也會違反公序良俗，這是隨著時代發展，整體社會觀念會隨之有所變動的。

我個人也認為因為一定事件的發生作為離婚成立的條件，這樣子的離婚條款應該是可以存在的。例如本題的「虐待」，如果是拿皮鞭抽打，若還不能據此離婚，這樣子的婚姻也太可怕了。

瞭解，所以只要講得出理由，也可以認為預立離婚契約並不會因為違反公序良俗而無效囉！

是的，再來一題吧！底下的問題一。

甲男乙女為夫妻，兩人邀約第三人丙出資共同在繁華市區經營冰品店，由於冰品出色，故獲利甚豐。惟甲、乙其後協議離婚，由甲對乙支付新臺幣（下同）2億元的離婚補償，相對地甲、乙約定，乙終生不得再嫁，乙並不得在甲之冰品店周圍30公里內任何地點經營相同之冰品店。甲、乙離婚後1個月，該冰品店毫無預警關門歇業，店內設備、物品搬走一空，丙見報始知其事實，乃以甲、乙共同虧空冰品店資產為惡性倒閉，狀告甲、乙應對自己賠償1億元。3年後本案經法院判決丙敗訴。至於甲其後雖力圖振作，但由於信用、名譽受創，最後終無法再有榮景。問：

一、本案甲、乙約定乙終生不得再婚，亦不得在一定範圍、地點與甲競爭營業，其約定有效乎？

二、丙狀告甲、乙惡性倒閉，甲可否以丙損害自己名譽為由而有所主張？　　　　　　　　　【101警特高員三級-民法總則】

這一題感覺像是永康街夫妻吵架的時事題目。

呵呵！不要亂替別人對號入座，太八卦了。
問題一，你認為在考什麼？

在考「終生不得再婚的標的」、「不得在一定範圍、地點與甲競爭營業」，是否違反公序良俗？

不錯，有抓到題目的重點。但談了那麼多的公序良俗，到底什麼是公序良俗呢？

這還真的蠻難描述的，就是社會一般大眾普遍認為不道德的行為……這樣子寫感覺很鬆散，有沒有學說或實務見解可以參考呢？

有的，我們來看一下實務見解。

民法第72條所謂法律行為有背於公共秩序或善良風俗者無效，乃指法律行為本身違反國家社會一般利益及道德觀念而言。

（69台上2603）

違反國家社會一般利益及道德觀念，就這麼簡單喔！

是的，因為法律的解釋上通常還是會流於抽象，具體內容則必須個案加以判斷。所以你認為「終生不得再婚的標的」這樣子的約定內容，你是否能接受呢？是否符合違反國家社會一般利益及道德觀念。

「終生不得再婚的標的」，那不是侵害了選擇配偶、享有婚姻生活的自由，而其代價是2億元，雖然這金額讓人心動，但用錢可以購買別人的自由，不就朝向奴隸社會前進，這樣子的約定實在是破壞了我國自由的核心價值，有錢人不就可以用錢讓窮人當奴隸，人性尊嚴蕩然無存。所以，當然不能讓這種條款有效，所以應該認為屬於違反公序良俗。

是的，類似的情況，像是勞動契約上的單身條款，王澤鑑老師也認為是違反公共秩序，而實務上則認為違反公序良俗。（**參照廖毅，第367頁**）

另外，補充第二小題有關名譽權之實務見解，參考如下：

　　民法上名譽權之侵害非即與刑法之誹謗罪相同，名譽有無受損害，應以社會上對個人評價是否貶損作為判斷之依據，苟其行為足以使他人在社會上之評價受到貶損，不論其為故意或過失，均可構成侵權行為，其行為不以廣佈於社會為必要，僅使第三人知悉其事，亦足當之。（90台上646）

※ 記憶方法：

一人拿90手槍舉槍自盡，因為有人說他拿有尿（6）的飼料（46）去賣。

相關考題

甲因賭博積欠乙賭債新臺幣 100 萬元，為清償該筆賭債，甲簽發支票予乙。日後經乙提示未獲付款，乙乃訴請甲給付票款 100 萬元。於訴訟進行中，甲乙二人達成和解，和解內容為甲應給付乙 70 萬元，且經記明於筆錄。請問甲得否主張其與乙成立之訴訟上和解有無效之原因，請求法院繼續審判？

【100 警特高員三級 - 民法總則】

解析：

標的→不適法

新債清償賭債之脫法行為

A 餐廳推出自助餐 599 元吃到飽專案，並貼出告示：「請酌量取用，勿浪費食物，否則每人一律罰款用餐價格 10 倍」。該告示是否有效？ (A)有效，因為當事人可任意約定契約內容 (B)原則有效，除非顧客反對才會無效 (C)無效，因為違反平等互惠原則 (D)如果餐廳曾告知顧客此規定，則有效，若無，則無效 【108 高考 - 法學知識與英文】	(C)

重點整理

⊙ 當事人、意思表示、標的,「標的」有四個議題要討論,就是可能、確定、適法與妥當。

⊙ 在民法總則比較常見的考題就是妥當,也就是「公序良俗」的認定,像是預立離婚契約、終身不得再嫁契約、賭債等。

⊙ 實務見解整理

1.民法第72條所謂法律行為有背於公共秩序或善良風俗者無效,乃指法律行為本身違反國家社會一般利益及道德觀念而言。本件被上訴人雖違反與某公司所訂煤氣承銷權合約第6條規定,以收取權利金方式頂讓與第三人,但究與國家社會一般利益無關,亦與一般道德觀念無涉,尚不生是否違背公序良俗問題。(69台上2603)

2.不當限制交友與結婚權利,有背於善良風俗。(88上1154)

19 法律行為的無效與撤銷

● 學習提要

無效與撤銷，是在討論當事人為意思表示的過程中，如果遇有無效與撤銷的情況時，該如何處理？

無效，是自始、當然、絕對、確定的無效，但仍有一些情況例外，像是一部無效，他部仍有可能有效；或者是無效行為之轉換。撤銷也是一樣，自始無效。

● 解說園地

一、無效

法律行為之一部分無效者，全部皆為無效。但除去該部分亦可成立者，則其他部分，仍為有效。（民§111）

本文針對但書的部分來舉一個例子，例如甲要賣五筆土地給乙，但其中一筆土地屬不能給付而無效，是否其他土地也因之無效呢？法院審酌情形，認為有一筆是建地，土地價值較高，當初賣給乙的時後，要求乙要一併購買其他四筆土地，所以當其中一筆無效，應該是全體無效，而不是這一筆無效，其他四筆仍為有效。（臺灣高等法院103上965判決）

無效之法律行為，若具備他法律行為之要件，並因其情形，可認當事人若知其無效，即欲為他法律行為者，其他法律行為，仍為有效。（民§112）此即所謂的「無效行為之轉換」，例如，遲到的承諾視為新要約。

無效法律行為之當事人，於行為當時知其無效，或可得而知者，應負回復原狀或損害賠償之責任。（民 § 113）

二、撤銷

法律行為經撤銷者，視為自始無效。（民 § 114 I）例如錯誤、被詐欺、被脅迫等所為的撤銷，在撤銷後自始無效。

當事人知其得撤銷或可得而知者，其法律行為撤銷時，準用前（113）條之規定。（民 § 114 II）

經承認之法律行為，如無特別訂定，溯及為法律行為時發生效力。（民 § 115）

撤銷及承認，應以意思表示為之。（民 § 116 I）如相對人確定者，前項意思表示，應向相對人為之。（民 § 116 II）

法律行為須得第三人之同意始生效力者，其同意或拒絕，得向當事人之一方為之。（民 § 117）

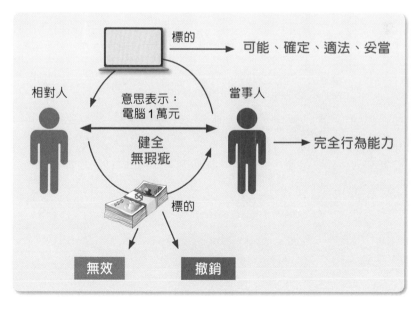

法律名詞好多，討論無效與撤銷是要做什麼呢？

我們之前學到當事人、意思表示、標的這三項，如果當事人有行為能力、意思表示健全無瑕疵、標的可能確定適法妥當，契約就會成立生效。

但會考的問題通常是「例外」、「沒規定」、「規定模糊」，如無行為能力或限制行為能力、意思表示不健全有瑕疵，或標的不具備可能確定適法妥當，這幾種情況會導致法律行為發生無效或撤銷的結果。

但是無效或撤銷後，該怎麼辦呢？相關規定在民法第111至118條。

可不可以舉個例子？

例如我跟你簽訂性愛契約，每月10萬元跟我做愛5次。

1. 當事人的部分，我們兩人都是有權利能力、行為能力這部分沒問題。
2. 意思表示，健全無瑕疵，這部分也沒問題。
3. 但是，標的判斷上，性愛契約違反公序良俗，所以是無效的。

既然性愛契約無效，可是我已經把10萬元交給你了，是否可以請求返還呢？

可不可以不要一直舉性愛契約的例子啦！

哈！沒辦法，你知道我滿腦子都是這種例子，那我舉其他例子好了，順便也複習一下前面所講的部分內容。
例如：我開了一家太陽旅遊公司，標的去太陽旅行，這是標的不能，但客戶已經給付500萬元，當契約是無效的時候，又該如何處理呢？

那就回復原狀就好。

是的，很厲害喔！請翻開第113條規定。

第113條：「無效法律行為之當事人，於行為當時知其無效，或可得而知者，應負回復原狀或損害賠償之責任。」
哇！我實在太有天分了，真的有「回復原狀」耶！看來我蠻適合當立法委員的。

不錯不錯，但我國立法委員看起來不需要懂法律也可以當。

好政治味喔！
可是為何多了個「於行為當時知其無效，或可得而知者」的要件，如果不知其為無效、或非因過失而不知道的時候，是不是就不必負回復原狀或損害賠償的責任？好饒舌喔！

不錯，你是有思考力的學生。
王澤鑑老師的《民法總則》一書中有提到，無效法律行為，依據其發生的原因，可以分別適用侵權行為損害賠償、締約上過失、不當得利或所有物返還請求權等規定，民法第113條並沒有存在的必要。換言之，王老師的意思是說這個條文是多餘的。

 當年立法者不知道在想什麼，如果是我來立法的話，無效就是自始、當然、絕對、確定的無效，把「於行為當時知其無效，或可得而知者」這個要件拿掉，也省了這麼多的爭議。

接下來也有類似的狀況，之前講到的詐欺、脅迫、錯誤等得撤銷的情況，當事人花了錢買了車子，撤銷意思表示後，錢跟車子又該如何處理呢？

 剛剛是無效，撤銷……應該也是負回復原狀或損害賠償的責任吧！？

那是用第113條規定嗎？

 這邊條文我不太熟悉，應該不是，難道是法律沒有規定的情況下類推適用？

民法有規定，不必用類推適用，你往下看第114條規定。

第114條第1項規定:「法律行為經撤銷者,視為自始無效。」第2項規定:「當事人知其得撤銷或可得而知者,其法律行為撤銷時,準用前條之規定。」
我瞭解了,撤銷的情況視為自始無效,所以也是回到第113條規定,負回復原狀或損害賠償的責任。

請再仔細看一下第114條第2項。

我看一下,咦!同條第2項怎麼又規定,必須要當事人知其得撤銷或可得而知者,才準用第113條規定,又跟剛才第113條的問題一樣。

是的,不過因為本書只介紹民法總則的條文,就暫時講到這邊,有需要進一步解釋的話,再就具體個案來討論。

重點整理

⊙ 無效是自始、當然、絕對、確定的無效,但仍有一些情況例外,像是一部無效,他部仍有可能有效,或者是無效行為之轉換。

⊙ 撤銷也是一樣,視為自始無效。

⊙ 第113條規定中的「於行為當時知其無效,或可得而知者」的要件,有學者認為是多餘的。

相關法條	記憶方法
【民法第111條】 法律行為之一部分無效者,全部皆為無效。但除去該部分亦可成立者,則其他部分,仍為有效。	111:行政程序法之無效,也是第111條規定。 1→無效,其他11→全部無效
【民法第112條】 無效之法律行為,若具備他法律行為之要件,並因其情形,可認當事人若知其無效,即欲為他法律行為者,其他法律行為,仍為有效。	
【民法第113條】 無效法律行為之當事人,於行為當時知其無效,或可得而知者,應負回復原狀或損害賠償之責任。	113→家暴專線 我打電話的時候就知道,打113家報專線無效,根本不可能保護我。

相關法條	記憶方法
【民法第114條】 I 法律行為經撤銷者，視為自始無效。 II 當事人知其得撤銷或可得而知者，其法律行為撤銷時，準用前條之規定。	114，撥113撥成114，「撤銷」重打。
【民法第115條】 經承認之法律行為，如無特別訂定，溯及為法律行為時發生效力。	115→15鸚鵡，承認 鸚鵡：死肥婆，每天都愛買衣服，還不快承認！ 老婆：我承認又亂花錢了。
【民法第116條】 I 撤銷及承認，應以意思表示為之。 II 如相對人確定者，前項意思表示，應向相對人為之。	
【民法第117條】 法律行為須得第三人之同意始生效力者，其同意或拒絕，得向當事人之一方為之。	

20 權利的行使期間（一）
消滅時效

● 學習提要

　　消滅時效，也是考試的重點，但卻有很多考生放棄這類考題。

　　很多權利的行使，法律是有時間上的限制，但消滅時效的消滅並不是真的消滅，還是可以主張，只是對方取得了抗辯的權利。

　　第127條第1項第8款規定之「商人、製造人、手工業人所供給之商品及產物之代價」的爭議，常常是考試的重點。

● 解說園地

一、消滅時效與除斥期間

　　消滅時效是指因長時間不行使權利，致使請求權效力減損之時效制度。所以，實際上不是消滅，而只是效力減損；權利本身依舊可以主張，只是變成自然權利。被主張權利者，得主張時效抗辯，故屬「抗辯權發生主義」，得拒絕給付。但是，若債務人仍為履行之給付者，不得以不知時效為理由，請求返還。其以契約承認該債務，或提出擔保者，亦同。（民§144）

> 【民法第144條】
>
> I 時效完成後，債務人得拒絕給付。
>
> II 請求權已經時效消滅，債務人仍為履行之給付者，不得以不知時效為理由，請求返還；其以契約承認該債務或提出擔保者亦同。

　　除斥期間，是指因為**法律行為有瑕疵或其他不正常之情形**。以致於影響法律行為之效力，當事人得於一定期間內，行使撤銷權或其他補救行為，例如錯誤、詐欺、脅迫所為之意思表示，而得行使撤銷權。

二、消滅時效與除斥期間之區別

項目	消滅時效	除斥期間
適用權利類型	請求權	形成權，主要為撤銷權
時效中斷或不完成	有	無
起算時間	作為：自請求權可行使時起算	
不作為：自行為時起算	自權利成立時起算	
期間過後之效力	請求權並未消滅，他造當事人得以時效消滅為抗辯	期間經過後則消滅
時效完成後之拋棄	當事人得拋棄時效之利益	形成權業已消滅，故無拋棄可言
期間長短	最長15年	較短，一般而言不超過10年

三、拋棄時效利益之意思表示

債務人欠債不還，本已罹15年之消滅時效，但債務人並沒有主張時效消滅，而是單方面承認其債務，債權人是否還可行使其權利？

實務見解認為「按法律並無強制債務人享受時效利益之規定，故債務人苟於時效完成後，以單方行為承認其債務，即無庸再以時效業經完成而限制債權人行使其權利之必要，是以債務人於時效完成後，以單方行為所為之債務承認，應解為係屬拋棄時效利益之默示意思表示，不得再以時效業經完成拒絕給付。」（92台上1851）

四、消滅時效期間

(一)一般時效期間

請求權，因15年間不行使而消滅。但法律所定期間較短者，依其規定。（民§125）實務上最常見的就是借貸關係，其請求權的時效就是15年；超過15年，債務人得主張時效消滅。

(二)特別時效期間

1. 5年短期時效

利息、紅利、租金、贍養費、退職金及其他1年或不及1年之定期給付債權，其各期給付請求權，因5年間不行使而消滅。（民§126）

2. 2年短期時效

民法第127條規定如下：

左列各款請求權，因2年間不行使而消滅：

⑴ 旅店、飲食店及娛樂場之住宿費、飲食費、座費、消費物之代價及其墊款。

⑵ 運送費及運送人所墊之款。

(3) 以租賃動產為營業者之租價。

(4) 醫生、藥師、看護生之診費、藥費，報酬及其墊款。

(5) 律師、會計師、公證人之報酬及其墊款。

(6) 律師、會計師、公證人所收當事人物件之交還。

(7) 技師、承攬人之報酬及其墊款。

(8) 商人、製造人、手工業人所供給之商品及產物之代價。

3. 其他時效

像是因侵權行為所生之損害賠償請求權，自請求權人知有損害及賠償義務人時起，2年間不行使而消滅。自有侵權行為時起，逾10年者亦同。（民法§197Ⅰ）或者是占有人，其占有被侵奪者，得請求返還其占有物；占有被妨害者，得請求除去其妨害；占有有被妨害之虞者，得請求防止其妨害。（民§962）前條請求權，自侵奪或妨害占有或危險發生後，1年間不行使而消滅。（民§963）

五、以抵押權、質權或留置權擔保之請求權消滅時效之適用範圍

以抵押權、質權或留置權擔保之請求權，雖經時效消滅，債權人仍得就其抵押物、質物或留置物取償。（民§145Ⅰ）也就是說當債權人要求還錢時，債務人笑稱：「哈哈哈！時效已經過了，我可以主張時效抗辯，不必還你錢。」債權人若是有留置物，像是iPhone手機一台，就可以就該動產賣得價金優先受償。

前（145Ⅰ）項規定，於利息及其他定期給付之各期給付請求權，經時效消滅者，不適用之。（民§145Ⅱ）

六、主權利及於從權利

主權利因時效消滅者，其效力及於從權利。但法律有特別規定者，不在此限。（民§146）

七、時效期間之加長縮短與拋棄

時效期間，不得以法律行為加長或減短之。並不得預先拋棄時效之利益。（民§147）

八、起算之時點

消滅時效，自請求權可行使時起算。以不行為為目的之請求權，自為行為時起算。（民§128）

➡ 消滅時效完成之效力

接著我們要來談談第125至147條的「消滅時效」。

顧名思義，就是權利經過一段期間就「消滅」，不得再行主張。

這樣講並不正確。

不正確，難道是我的理解力太差了。

這是當初立法者用詞不是那麼的妥當，與你理解度無關，所以也不要自責。

在談消滅時效之前，必須先談談為何要有這個法律制度的存在。

當法律關係成立生效之後，如訂定租賃契約，當事人會因為契約的成立而享有請求權，房東可以請求房客給付租金，但為了避免權利怠於主張、法律關係懸而未決，所以法律規定必須在一定期間主張，過了這一段期間不主張，法律就不當後盾來保護你囉！換言之，法律不保護權利睡覺的人。

感謝教授的詳細解釋，消滅時效既然不是不得再行主張，那應該要怎麼解釋呢？

應該是說一定的期間過了，還是可以主張。

過了還可以主張，怎麼說？

例如你欠我100萬元，依第125條本文規定，請求權，因15年間不行使而消滅。

問題來了，過了15年，我可不可以跟你要這100萬元？

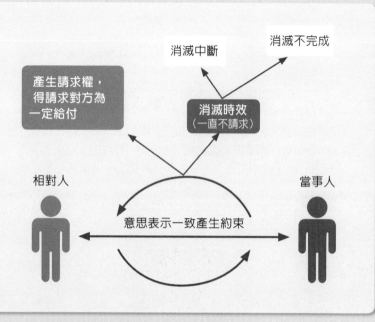

不行吧!既然已經消滅了,可是你剛剛又說不是消滅,頭好暈喔!

答案……還是可以主張。

只是當我向你索討 100 萬元的時候,你可以主張時效抗辯。換言之,就是過了 15 年,你就享有時效抗辯的權利。(並非消滅,而是你能抗辯)

好吧!看你的眼神還是很迷茫的樣子。換個更白話的講法,也就是說你可以表示「你過去 15 年不跟我要 100 萬元,基本上權利已睡著,法律不保護怠於主張權利者,所以我主張提出一項權利睡著不值得保護的時效抗辯,拒絕還你這 100 萬元。」

原來如此，法律規定在哪一個條文呢？

在第144條第1項：「時效完成後，債務人得拒絕給付。」

教授放心，我又不是欠錢不還的人，15年過後，我還是會還錢的。

你果然是值得栽培的正直法律人。

所以我最近缺錢，教授可以先借個幾萬元嗎？

你想太多了啦！
那要不要簽個性愛契約？

哼！真小氣，剛剛才說性愛契約無效！

順便複習一下，預立離婚契約的實務見解是……

我想一下……50年婚姻，25年就溜（96），50台上2596。

不錯喔！

好啦！言歸正傳，我再問一個小問題。

什麼問題？

277

我如果還錢後才知道第144條第1項：「時效完成後，債務人得拒絕給付」這個規定，可以後悔嗎？也就是說忘記可以主張時效抗辯之後「不小心」還錢，還可不可以再主張時效抗辯，要求對方把已經還的錢再拿回來？

問這種問題，顯然你內心仍存在著不想還錢的因子，難道是我看走眼了！？

不是啦！教授不要誤會我的人格，就好奇而已，假設性地問一下，嘿嘿！

這個在第144條第2項規定：「請求權已經時效消滅，債務人仍為履行之給付者，不得以不知時效為理由，請求返還；其以契約承認該債務或提出擔保者亦同。」

所以是不行喔！

是的，別亂想了。第一、別跟我借錢，第二、借錢要還錢，第三、時效消滅後你還是要還錢。

知道了啦！揪咪！

➡ 消滅時效的期間

接下來介紹消滅時效的期間。

我剛剛翻了一下條文，為何不統一單一期間，卻要分成那麼多種，像是第125條的15年、第126條的5年、第127條的2年這三種期間，這樣子要多背好多條文的內容，真討厭。

這只是民法總則第125至127條的規定，在其他章節裡面，還有各種期間的消滅時效規定。

哇！那我要慶幸目前只有考民法總則嗎？

慢慢來，不要怕，以後考其他考試一樣會用到。民法總則在消滅時效的章節中，分成三種：
1. 一般消滅時效：15年，第125條
2. 5年短期消滅時效：5年，第126條
3. 2年短期消滅時效：2年，第127條

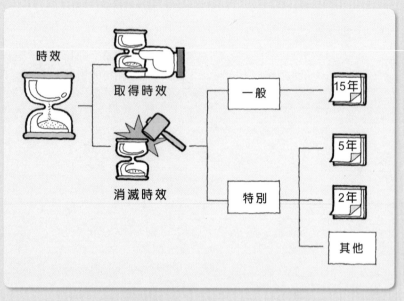

時效

取得時效

消滅時效

一般 — 15年

特別 — 5年
2年
其他

第125條：「請求權，因15年間不行使
而消滅。但法律所定期間較短者，依其
規定。」所以第126、127條就是所謂所
定期間較短之規定囉！

是的，想不到這麼簡單的問題也會。

我感覺你在罵我⋯⋯

哈！別鬥嘴了，讓我們來看第126條：「利
息、紅利、租金、贍養費、退職金及其他1
年或不及1年之定期給付債權，其各期給付
請求權，因5年間不行使而消滅。」

為什麼這一個請求權時效比較短，只有5年？

你注意看一下內容，這些都是定期給付的債權，當初立法者認為這些權利不宜長期保護，只給權利人5年的期間來主張。

好吧！反正我就先把這些背起來就對了。

我是這樣子記：
利息、紅利、租金→多唸幾次就記起來了。
贍養費、退職金→年輕娶很多老婆，所以要支付大筆贍養費，緋聞太多就被辭退了。
1年或不及1年之定期給付債權→1年不如1年。

蠻不錯的方式，我也來試試看，教授您還真多記憶上的點子。

想當年唸法律系的時候，最煩惱民法這個科目，因為條文最多，當然得想辦法記憶。
接著是第127條，請參看條文表格。

這麼多，眼睛都花了，可以放棄嗎？

很不幸地，這一條條文很常出現，無論是申論題或者是考古題。

老師不是法條記憶大師嗎？那快點教我背起來吧！

可以，如果你有看過我出版的《圖解法律記憶法》，就應該學過了。

我有那一本耶！但沒啥印象……

很好，果然是看書瞄一眼就過去，沒有吸收的讀者類型。

不管如何，就跟你說一下我的記憶方法，一樣是抓關鍵字，然後編成一個簡單的小故事，這個故事是有關買雞腳凍的內容，請看下列表格：

抓關鍵字	擺放場所
第1款：飲食費	櫃檯：購買臺中雞腳凍。
第2款：運送費	黑貓宅急便。
第3款：租賃動產	黑貓宅急便貨車壞掉，只好租保時捷（動產租賃）送貨。
第4款：看護生	家中看護生收了雞腳凍，太好吃了，自己藏起來。
第5款：律師	請律師控告看護生。
第6款：物件交還	看護生官司打輸，把雞腳凍還給我。
第7款：承攬人	決定自己蓋雞腳凍工廠。
第8款：商人、製造人	開始製造。

第一次應該力求簡單，只要抓出每一款中的其中一個，其他的以後再慢慢加條文的內容，不必一次到位把全部的條文背完。

好的，我回去多多練習一下，效果如何再跟教授回報。

好的，接著我們就來練習一下申論題吧！

消滅時效感覺沒什麼題目好出。

跟你的想法不太一樣，事實上還蠻多考題，而且都挺有趣的。

甲中古車行出售其舊車予乙，車雖早已交付予乙，但乙仍有一半價金未付，甲亦疏未請求。買賣契約成立後第6年，甲是否仍得向乙請求未付之款項？又乙得為如何之抗辯？如甲並非出售其車，而係出售其屋予乙，情形是否有不同？

【99三等地特-民法（包括總則、物權、親屬與繼承）】

這一題在問什麼？買賣契約的請求權時效不是15年嗎？那不是就可以請求了，還是說這一題有其他的陷阱？

當然不是考這個，這是在考買賣汽車是否適用第127條第8款「商人所供給之商品」，而且這是有實務見解的。

對耶！汽車也是商品，那應該是2年的短期消滅時效。
中古車商賣車，感覺起來應該符合「商人所供給之商品之代價」的要件，但是對標準模模糊糊的，不是很確定。

是的，如果單靠條文來解題，一定會覺得很模糊，因為法律條文本來就是抽象的規定。所以要看實務見解，請參考下列內容：
民法第127條所定受商品或產物供給之人，法律並未限定其須具備何種身分或資格，商人出賣商品於一般顧客，其商品代價之請求權，**應適用民法第127條第8款所定2年之短期消滅時效。**（63民庭1）
但是照著抄寫這個實務見解，也沒太大的意義，建議可以簡寫如下：

商人供給商品之代價，依據民法第127條第8款，適用2年之消滅時效。實務見解認為商人並未限定須具備何種身分或資格，故只要是出賣商品於一般顧客，均有本條短期消滅時效之適用。（63民庭1）

以上三種都是屬於「大前提」的寫法，接著可以寫「小前提」與「結論」：
甲中古車行出售其舊車予乙，自屬商人供給商品，乙未付之一半價金，屬於商人供給商品之代價，自有2年短期消滅時效之適用。

教授，什麼是「63民庭1」？

這一個實務見解的來源，全稱是「最高法院 63 年度第 1 次民庭庭推總會議決議（五）」，（五）就類似開會過程中的提案編號，所以可以簡稱為「63民庭1」。

這些都是比較細節性的事項，主要是實務見解的內容。

如果能夠背起來，那該有多好。

很簡單，記憶方法：再不還我錢，就拿硫酸（63）潑你→比中指（1）。

如果可以的話，還可以加上兩指戳眼的動作，代表2年短期消滅時效。

請自己做一次動作，多做幾次應該就可以記起來了。

這個實務見解可以依照我所想的下述意思來寫嗎？

實務見解認為，民法第127條第8款所定受商品或產物供給之人，並未限定其須具備何種身分或資格，故商人出賣商品於一般顧客，其商品代價之請求權，應適用之。（63民庭1）

不錯！實務見解本來就不需要一字不漏地背起來，抓出重點並用自己的話講出來，反而會更高分。

第二個小題問如果不是賣車，而是賣屋，這是要考什麼呢？賣車賣屋不都是賣商品嗎？

因為這又牽涉到另外一個實務見解：
民法第127條第8款所謂商人所供給之商品，係指動產而言，不包括不動產在內，此觀該條款規定將商人所供給之商品，與製造人、手工業人所供之產物併列，不難明瞭。魯某為建築商人，製造房屋出售，其不動產代價之請求權，無上開條款所定消滅時效之適用。（78民庭9）

該怎麼記憶呢？

坪7字頭、8字頭、9字頭的不動產價格，愈來愈貴。

要怎麼改寫這個實務見解呢？

實務見解的改寫，你要不要練習看看？

我來試試看。

商人供給商品之代價，依據民法第127條第8款，適用2年之消滅時效。實務見解認為，第127條第8款所謂商人所供給之商品，係指動產而言，不包括不動產在內，此觀該條款規定將商人所供給之商品，與製造人、手工業人所供之產物併列，不難明瞭。

你這樣子不是都沒有改半個字。

我就笨啊！感覺好難改，但至少也有濃縮一下了啊！

 我寫一個格式，給你參考一下。
第127條第8款規定，將商人所供給之商品，製造人、手工業人所供之產物併列，從條文體系上之合理解釋，應係指動產而不包括不動產，實務上亦採此一見解。（78民庭9）

 看起來是先講理由，再說結論，好像比較適合考試答題的格式，我會再思考看看的。

 每個人都有自己認為好的寫法，回去想想，如果有不錯的修正，也記得跟我分享喔！

【實務見解】

已登記不動產所有人之回復請求權，適用消滅時效？

已登記不動產所有人之回復請求權，無民法第125條消滅時效規定之適用。（釋字第107號解釋）

已登記不動產所有人之除去妨害請求權，適用消滅時效？

已登記不動產所有人之除去妨害請求權，不在本院釋字第107號解釋範圍之內，但依其性質，亦無民法第125條消滅時效規定之適用。（釋字第164號解釋）

相關考題

下列何種請求權，無2年短期消滅時效規定之適用？ （A）交付買賣標的物之請求權 （B）承攬人之報酬請求權 （C）律師所收當事人物件之交還 （D）醫生之診費 【105司特四等-法學知識與英文】	（A）
關於民法之消滅時效期間，下列敘述何者正確？ （A）最長為5年 （B）最長為10年 （C）最長為12年 （D）最長為15年 【105四等關務-法學知識】	（D）
甲曾至租車公司租車，租期2天，但甲當時付不出錢，欠租車公司新臺幣1萬元。該筆欠款請求權之消滅時效為何？ （A）15年 （B）5年 （C）2年 （D）1年 【100地方特考五等經建行政-法學大意】	（C）
有關消滅時效完成的民法規定或學理，下列敘述何者正確？ （A）時效完成後，債務人不得拋棄時效之利益 （B）以抵押權、質權或留置權擔保之請求權，經時效消滅者，抵押物、質物或留置物之所有人不得拒絕債權人之取償 （C）請求權已經時效消滅，債務人以契約承認該債務或提出擔保者，其承認或擔保無效 （D）主權利因時效消滅者，從權利不因此而受影響 【97公務初等一般行政-法學大意】	（B）
民法之一般消滅時效期間為： （A）10年 （B）2年 （C）15年 （D）20年　【96四等退除役轉任-法學知識與英文】	（C）
甲的房屋出租給乙，乙上個月的租金5萬元尚未支付，請問甲對該月租金請求權之消滅時效，應為多久？ （A）15年 （B）5年 （C）2年 （D）1年　【96五等錄事-法學大意】	（B）
醫師對於病人之診費請求權，因幾年間不行使而消滅？ （A）1年 （B）2年 （C）5年 （D）15年　【97鐵公路-民法大意】	（B）

相關考題

下列對於消滅時效與除斥期間之敘述何者正確？ （A)消滅時效適用於形成權；除斥期間適用於請求權 （B)消滅時效自始固定不變；除斥期間有中斷或不完成 （C)消滅時效完成後，形成權消滅，無利益拋棄；除斥期間經過後，當事人得拋棄時效利益 （D)消滅時效完成後請求權不消滅，債務人如不提出抗辯，法院不得依職權審酌；除斥期間經過後，形成權消滅，法院可不待當事人主張而依職權審酌 　　　　　　　　　　　　【97消防不動產-民法概要】	（D）
下列關於解除權與撤銷權之敘述，何者正確？ （A)二者均包括一切法律行為 （B)前者限於法律所規定；後者則包含約定與法定 （C)均屬形成權 （D)二者原則上不溯及既往 　　　　　　　　　　　　　　　【96五等地方公務-法學大意】	（C）

重點整理

⊙ 實務見解認為，第127條第8款之商人並未限定須具備何種身分或資格，故只要是出賣商品於一般顧客，均有本條短期消滅時效之適用。（63民庭1）

⊙ 民法第127條第8款所謂商人所供給之商品，係指動產而言，不包括不動產在內，此觀該條款規定將商人所供給之商品，與製造人、手工業人所供之產物併列，不難明瞭。（78民庭9）

⊙ 相關條文整理

【民法第125條】

請求權，因15年間不行使而消滅。但法律所定期間較短者，依其規定。

【民法第126條】

利息、紅利、租金、贍養費、退職金及其他1年或不及1年之定期給付債權，其各期給付請求權，因5年間不行使而消滅。

【民法第127條】

左列各款請求權，因2年間不行使而消滅：

一、旅店、飲食店及娛樂場之住宿費、飲食費、座費、消費物之代價及其墊款。

二、運送費及運送人所墊之款。

三、以租賃動產為營業者之租價。

四、醫生、藥師、看護生之診費、藥費、報酬及其墊款。

五、律師、會計師、公證人之報酬及其墊款。

六、律師、會計師、公證人所收當事人物件之交還。

七、技師、承攬人之報酬及其墊款。

八、商人、製造人、手工業人所供給之商品及產物之代價。

21 權利的行使期間（二）
消滅時效中斷、不完成

● 學習提要

> 　　民法的時效不中斷，以前學習的時候就很討厭這一部分，再加上題目不多，所以很容易就荒廢了。久而久之，愈學愈差，每次都要花費更多時間來複習，很沒有效率。
>
> 　　消滅時效中斷、不完成，是在探討若當事人主張權利，時效要不要中斷？還是繼續往下計算？
>
> 　　時效中斷與時效不完成的類型很多，考生不容易記憶，也因此常是考題的重點所在。

● 解說園地

一、時效中斷

　　時效進行中，因一定事由之發生，致已進行之期間歸於無效，並自中斷之事由終止時，重新起算之制度。例如債權人某甲向債務人某乙於接近 15 年的時候，以存證信函請求某乙返還 100 萬元之借款，消滅時效即因請求而中斷。

　　時效中斷，可以想像成冷落女友 15 年，女友快跑了，只好趕緊送花，女友又不想跑了。

　　消滅時效中斷之事由，包括請求、承認、起訴，以及與起訴有同一效力之事項。所謂與起訴有同一效力，是指支付命令、調解仲裁、

申報和解債權或破產債權、告知訴訟，及開始執行行為或聲請強制執行。（民§129）

二、時效中斷之效力

時效中斷者，自中斷之事由終止時，重行起算。（民§137 I）

因起訴而中斷之時效，自受確定判決，或因其他方法訴訟終結時，重行起算。（民§137 II）

經確定判決或其他與確定判決有同一效力之執行名義所確定之請求權，其原有消滅時效期間不滿5年者，因中斷而重行起算之時效期間為5年。（民§137 III）

時效中斷，以當事人、繼承人、受讓人之間為限，始有效力。（民§138）

> 冷解析：重行起算，冷落15年後送束花，可以再冷落15年。

三、時效不中斷

法律不保護權利睡覺者，雖說前述因權利人之主張，而使消滅時效中斷，可是權利人還是有可能發生權利睡覺之事由，就不宜對之加以保護。例如時效因請求而中斷者，若於請求後6個月內不起訴，視為不中斷。（民§130）

這樣子解釋有點難懂，要怎麼想像呢？個人覺得有一句成語很適合，就是「3分鐘熱度」。如前面提到的請求，即使債權人請求債務人給付，積極爭取自己的權利，但很快又怠惰不主張了，民法對於這種情形，也認為相當於沒有積極爭取自己的權利。第135條告知訴訟而

中斷，若於訴訟終結後，6個月內不起訴，也是一樣的類型。

除此之外，其他還有六種時效不中斷的情況如下：

(一)時效因**起訴**而中斷者，若撤回其訴，或因不合法而受駁回之裁判，其裁判確定，視為不中斷。(民§131)

(二)時效因**聲請發支付命令**而中斷者，若撤回聲請，或受駁回之裁判，或支付命令失其效力時，視為不中斷。(民§132)

(三)時效因**聲請調解**或提付仲裁而中斷者，若調解之聲請經撤回、被駁回、調解不成立或仲裁之請求經撤回、仲裁不能達成判斷時，視為不中斷。(民§133)

(四)時效因**申報和解債權**或**破產債權**而中斷者，若債權人撤回其申報時，視為不中斷。(民§134)

(五)時效因**告知訴訟**而中斷者，若於訴訟終結後，6個月內不起訴，視為不中斷。(民§135)再以冷落女友為例，告知加6個月內起訴，想像成送花加6個月內請吃飯，如果只有送花，沒有在6個月內請吃飯，15年一到，女友一樣閃人。

(六)時效因**開始執行行為**而中斷者，若因權利人之聲請，或法律上要件之欠缺而撤銷其執行處分時，視為不中斷。(民§136 Ⅰ)時效因聲請強制執行而中斷者，若撤回其聲請，或其聲請被駁回時，視為不中斷。(民§136 Ⅱ)

上述除了第135條之外，很多類型是撤回、撤銷，可以想像成「**心太軟**」來協助記憶。

四、時效不完成

時效不完成，是指時效期間行將完成之際，有不能或難於中斷時效之事由發生，使時效於該事由終止後一定期間內，暫緩完成，俾

請求權人得於此一定期間內行使權利，以中斷時效之制度。（80台上2497）

時效之期間終止時，因天災或其他不可避之事變，致不能中斷其時效者，自其妨礙事由消滅時起，1個月內，其時效不完成。（民§139）

例如，某乙欠某甲100萬元，在15年的時效快要完成之際，某甲正準備要下山到法院提出訴訟，但突然發生九二一地震之類的天災或其他不可避之事變，導致山路不通1個月，待山路通暢後，1個月內，時效不完成。

再以冷落女友為例，交往快15年了，女友正要分手，男友此時後悔，正要下山送花給女友；想不到發生唐山大地震；等到山路通了，已經過了15年。情有可原，女友體諒男友說：等山路通了，1個月內，都還來得及送花。

其他時效不完成的類型如下：

屬於繼承財產之權利或對於繼承財產之權利，自繼承人確定或管理人選定或破產之宣告時起，6個月內，其時效不完成。（民§140）

無行為能力人或限制行為能力人之權利，於時效期間終止前6個月內，若無法定代理人者，自其成為行為能力人或其法定代理人就職時起，6個月內，其時效不完成。（民§141）

無行為能力人或限制行為能力人，對於其法定代理人之權利，於代理關係消滅後1年內，其時效不完成。（民§142）

夫對於妻或妻對於夫之權利，於婚姻關係消滅後1年內，其時效不完成。（民§143）

接下來是消滅時效中斷。

 什麼是消滅時效中斷？

消滅時效中斷，是指消滅時效之期間進行中，有發生讓時效不宜進行之事由存在，讓已進行的時效歸於無效而重新起算之規定。

 好饒口喔！可以白話一些些嗎？

舉個例子好了，假如你欠我一筆借款100萬元，經過10年後不還，我受不了，決定寫個存證信函跟你催討，請問時效是否中斷？

 寫存證信函給我，那就是一種「請求」，所以時效中斷囉！（第129條第1項第1款）

【民法第129條】
Ⅰ消滅時效，因左列事由而中斷：
　　一、請求。
　　二、承認。
　　三、起訴。
Ⅱ左列事項，與起訴有同一效力：
　　一、依督促程序，聲請發支付命令。
　　二、聲請調解或提付仲裁。
　　三、申報和解債權或破產債權。
　　四、告知訴訟。
　　五、開始執行行為或聲請強制執行。

既然已經中斷了，那我還有幾年可以主張。

15 - 10 = 5，那就是 5 年囉！

民法中斷的意思並不是樣子算。請看一下第 137 條第 1 項規定：「時效中斷者，自中斷之事由終止時，重行起算。」所以是重新開始計算，而不是繼續計算。

所以，又變成 15 年了嗎？

是的。所以有權利要去主張，才不會讓對方有抗辯權。

可是我有一個問題，如果對方沒有財產可以執行，一直向他主張也沒什麼意義吧！

是的，很多情況下，當事人不是沒錢，要不然就是脫產脫光了，確實無法執行財產的拍賣，最後只能換到一張債權憑證，跟壁紙的價值差不了多少。

如同第 137 條第 2 項規定：「因起訴而中斷之時效，自受確定判決，或因其他方法訴訟終結時，重行起算。」這一項規定就是說，最後打贏了官司，我的時效又可以從頭開始算起。

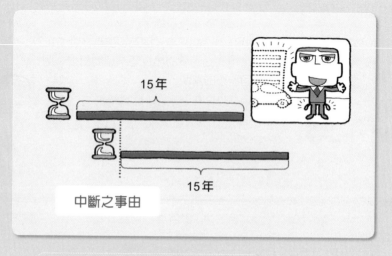

15年

15年

中斷之事由

 那原本時效是15年的，中斷後的時效還是15年，是這個意思嗎？

 是的，但如果是經確定判決或其他與確定判決有同一效力之執行名義所確定之請求權，其原有消滅時效期間不滿5年者，依第137條第3項規定，因中斷而重行起算之時效期間為5年。

 所以之前提到的「商人所供給之商品之代價」，時效只有2年，但如果打贏官司而重行起算之時效規定則為5年。

 是的。

 感謝教授，但我覺得第129條的內容並不好記，有記憶的必要嗎？

這一條條文本來就是翻法典即可，但如果可以降低在學習過程中，因為翻法典所耗費的時間，用一些簡單的小技巧來協助記憶，倒也是有小小的幫助。

那該怎麼記憶呢？

第1項共有3款，請求、承認、起訴，因為字數很少，只要重覆唸個幾次就可以記起來了，不需要特別的記憶法。如果真的要提供記憶方法，可以參考如下：

> ※ **記憶方法**：一隻惡狗（1 + 29）
>
> 　　**請求** ➡ 狗咬人，請求賠償
>
> 　　**承認** ➡ 承認狗有咬人
>
> 　　**起訴** ➡ 起訴主張民事損害賠償

那第2項的第1款到第5款規定呢？

一樣是先抓關鍵字，再串連起來，建議抓下列關鍵字。
左列事項，與起訴有同一效力：
一、依督促程序，聲請發支付命令。
二、聲請調解或提付仲裁。
三、申報和解債權或破產債權。
四、告知訴訟。
五、開始執行行為或聲請強制執行。
※ 支付、調解、和解、告知、執行

那剩餘的字該怎麼辦呢？

在抓取關鍵字的記憶法中，當抓好垂直的關鍵字之後，橫向的反覆練習幾次即可，除非橫向的字數太多，才需要另外設計記憶的方法。

那這幾個關鍵字，我需要特別設計一個故事或情境嗎？還是說多唸幾次即可。

因為內容不多，多唸幾次即可，但如果你可以發揮創意，設計出不錯的記憶方法，也很好。
舉個記憶的例子：
支付，叫你付錢，
調解、和解不成，告訴對方要打官司了（告知訴訟），
打贏了，可以開始執行。

感覺起來有情境比較好記憶。那我是否可以將關鍵字組成另外一種情境，支付、調解，是殺人魔的「支解」；和解、告知，變成「解告」（告解的倒過來，可以記憶成神父拒絕告解），上帝來「執行」而打入地獄。

也不錯喔！給你拍拍手，自己創造的記憶法最好。

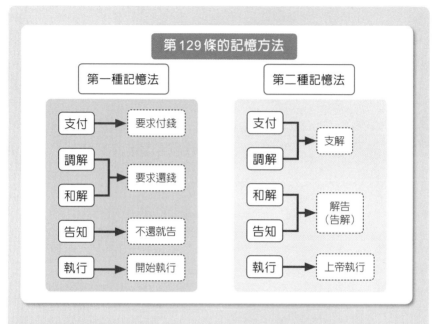

【相關條文整理】

【民法第129條】

I 消滅時效，因左列事由而中斷：

　一、請求。

　二、承認。

　三、起訴。

II 左列事項，與起訴有同一效力：

　一、依督促程序，聲請發支付命令。

　二、聲請調解或提付仲裁。

　三、申報和解債權或破產債權。

　四、告知訴訟。

　五、開始執行行為或聲請強制執行。

【民法第137條】
Ⅰ 時效中斷者，自中斷之事由終止時，重行起算。
Ⅱ 因起訴而中斷之時效，自受確定判決，或因其他方法訴訟終結時，重行起算。
Ⅲ 經確定判決或其他與確定判決有同一效力之執行名義所確定之請求權，其原有消滅時效期間不滿5年者，因中斷而重行起算之時效期間為5年。

➡ 消滅時效不中斷

接著來談談消滅時效不中斷。

對於願意主張權利者，法律會給予保護，所以有消滅時效中斷之規定，那什麼是消滅時效不中斷呢？

比較白話的說法，是指對於願意主張自己權利者，本來法律上會加以保護，但主張權利者卻半途而廢，法律又不想保護了。

這感覺有點抽象，可以舉個例子嗎？

好。舉個例子，假設你欠我100萬元，還錢的時間到了（時間A），我在時間B要求打電話請你還錢，「打電話請你還錢」這個動作就是「請求」。
當我請求的當下，時效就中斷，本應從時間B重行起算。但請求只有發生「相對中斷效力」，因為請求完之後，假設你還是擺爛不還錢，這時候我就要起訴，若於請求後6個月不起訴，依第130條規定，視為不中斷。

所以一次性努力是不夠的，還要來第二次努力，否則就當作沒努力過，一樣要從原本的時間A來起算。

你真是愈來愈優秀了，這就是所謂的「3分鐘熱度」，光是請求是不夠的，如果對方還是不還錢，那就要在6個月內起訴。

送你一個記憶的小禮物：130，後兩個數字30，諧音為「山石」。

山石滾下山6個月，變成籃球飛進籃框（請求的「求」，請在腦中想像一下畫面）。

腦袋中產生圖像，感覺變好記憶的，那有其他不中斷條文的記憶法嗎？

有，很多。

●131：起訴。不需要特別設計，因為第129條第1項有三種，請求、承認、起訴，承認沒有延續性的規定，起訴在請求的後面，所以是第131條。

●132：記憶關鍵字是支付命令。

寄送支付命令給不還錢的嫦娥（32諧音）。（依督促程序，聲請發支付命令 → 嫦娥吃醋（促））

●133：記憶關鍵字是調解。

搧搧，別氣給您搧風，大家心平氣和來「聲請調解」。（聲請調解或提付仲裁）

●134：記憶關鍵字是和解。

34諧音為「沙士」，和解場合，大家拿著沙士來消氣。（申報和解債權或破產債權）

※133、134可以變成一組一起記。

●135：記憶關鍵字是告知訴訟。

你手中有墾丁唯一的珊瑚化石，有人要跟你買，如果不賣……告知主管機關……

●136：記憶關鍵字是執行。

36諧音「山鹿」，<u>開</u>腸剖肚，準備吃山鹿。（開始執行行為或聲請強制執行）

這些記憶方法看起來還不錯，之前的第129條第2項好像直接用這幾個條號的記憶法即可。

都可以試試看，效果好不好記得跟我回報一下。

是的，遵命！

【相關條文整理】

【民法第130條】
時效因請求而中斷者，若於請求後6個月內不起訴，視為不中斷。

【民法第131條】
時效因起訴而中斷者，若撤回其訴，或因不合法而受駁回之裁判，其裁判確定，視為不中斷。

【民法第132條】
時效因聲請發支付命令而中斷者，若撤回聲請，或受駁回之裁判，或支付命令失其效力時，視為不中斷。

【民法第133條】
時效因聲請調解或提付仲裁而中斷者，若調解之聲請經撤回、被駁回、調解不成立或仲裁之請求經撤回、仲裁不能達成判斷時，視為不中斷。

【民法第134條】
時效因申報和解債權或破產債權而中斷者，若債權人撤回其申報時，視為不中斷。

【民法第135條】
時效因告知訴訟而中斷者，若於訴訟終結後，6個月內不起訴，視為不中斷。

【民法第136條】
Ⅰ 時效因開始執行行為而中斷者，若因權利人之聲請，或法律上要件之欠缺而撤銷其執行處分時，視為不中斷。
Ⅱ 時效因聲請強制執行而中斷者，若撤回其聲請，或其聲請被駁回時，視為不中斷。

➡ **消滅時效不完成**

剩下最後的消滅時效不完成，上次看了一本教科書，書中是說在時效期間將近完成，權利人卻發生不能或難於行使權利的障礙事由，這時候法律讓時效暫時不完成，等到障礙事由消滅後，再經過一段時間，時效才算完成。看起來文字都懂，也不是很難，但想了半天就是不太懂，可否請教授解釋一下，這是什麼意思呢？

法律文字即使很白話，但因為很抽象，所以有時候無法快速吸收，只要舉一些實務上的例子，大多數的學生就可以懂了。

請教授舉個例子吧！

假設15年的時效快到了，債權人心想再不去要錢，對方會主張第144條第1項時效抗辯，得拒絕給付，恐怕屆時會無法主張。
只是在他正準備下山到法院的路上，突然發生山崩。道路全中斷，如果難以想像，請回憶九二一地震，南投發生嚴重走山，很多人都無法與外界聯繫。

喔！那我懂了，例如第139條規定：「時效之期間終止時，因天災或其他不可避之事變，致不能中斷其時效者，自其妨礙事由消滅時起，1個月內，其時效不完成。」
套用剛剛教授所講的例子，就是說：

條文內容	舉例
時效之期間終止時，因天災或其他不可避之事變	九二一地震
致不能中斷其時效者	不能到法院提出告訴
自其妨礙事由消滅時起	道路重新開通
1個月內，其時效不完成	道路開通後的1個月內都可以主張

整個來說，九二一地震發生讓我沒辦法到法院提出告訴，等到道路都恢復通暢後1個月內，我都還可以到法院提出告訴。

是的，畢竟災後復原可能要花一些時間，留1個月當作緩衝時間，算是符合人性的規定。

那如果九二一地震發生的時候，人在臺北，且前往法院的交通依舊順暢，是否一樣有1個月的緩衝期間呢？

第139條規定，是說因為天災或其他不可避之事變，與不能中斷時效之間，有因果關係。
你舉的例子，兩者顯然沒有因果關係，當然與這一條時效不完成的規定要件不相當。

正要去法院提出訴訟，卻碰到山崩導致道路中斷，我還可以主張嗎？

第140條是什麼規定，一下繼承
財產、一下是繼承人確定？

這可能要一定年紀的人才能體會，不過我們可以參
考前人的經驗，例如已經過世的王永慶先生，其繼
承人到底有多少人？到底有幾房，有多少子女？光
看新聞，實在是很頭暈，也很難搞清楚。所以有些
法律關係或訴訟程序必須要繼承人或管理人選定或
破產之宣告時起，才可以進行。

這樣我就瞭解了。同樣地，第141條規定
中，那些無行為能力人或限制行為能力
人，居然找不到法定代理人，好可憐喔！

是的，所以第141條規定，自其成為行為能力人或其法
定代理人就職時起，6個月內，其時效不完成。
換言之，當限制行為能力人可能年過20歲，或者是終於
有人擔任他的法定代理人時，讓他還有6個月的時間緩
衝，暫時讓時效不完成。

法律規定還真是合乎人性。第142條
怎麼感覺跟第141條很像，傻傻分不
清楚……

不會啦！妳再看仔細一點。
第141條是對法定代理人之選定，當事人才可
以對其他人主張權利。
第142條是當事人對法定代理人主張權利。

對耶！原來如此。

所以第142條你可以想像成法定代理人不扶養、不餵食小孩子，小孩子肚子感覺餓了（2的諧音）。

這記憶方法不錯耶！

最後第143條規定，是有關夫對於妻或妻對於夫之權利，我想到一個簡單的記憶方法，143延續前面的條文，所以14不必管他，只要設計3這個數字。
3可以假想成「胸部」或「胸部加肚子懷孕」，代表「妻」的意思。

很棒喔！也開始有不錯的創意了。

我之前沒有完整背過法條，因為有補習班的老師說「看熟」就好，真的有必要背嗎？

看熟就好是沒錯，但問題是怎樣才算熟？
看熟的重點是題目出來要能寫，沒能寫出來就是沒分。
我的經驗是我花了很多年的工夫都無法看熟，還不如設計一下記憶方法，就至少熟了一半。以後當複習到某個觀念，我可以不翻書，馬上就想起條文的內容，腦中建立體系，這也算是對於大腦的訓練方式。

一次熟悉一部分，下一次再將剩下的部分完成設計。
你先用我的方法測試一下，大概對照條文看兩次，然後晚上睡前想一下，隔天一早醒來看看能否記得重點。

接著來練習一些申論題。

甲於民國99年10月1日因病至乙醫院住院診治，至同年10月15日未經結帳即擅行出院，共積欠乙醫院醫療費新臺幣（下同）10萬元、住院費3萬元及住院期間甲暨其看護家屬之伙食費3千元，經乙醫院催告甲應於99年11月1日前繳納，甲仍置之不理，乙醫院乃於102年5月1日向法院起訴，請求甲償還上開費用，惟訴訟中甲為時效抗辯，則甲之抗辯是否有理由？

【102普考戶政-民法總則、親屬與繼承編概要】

我先來想想看這題的核心是所欠的醫療費、住院費及伙食費，是否該當於第127條第4款「醫生、藥師、看護生之診費、藥費、報酬及其墊款。」如果是這一款，要先寫大前提……
醫生、藥師、看護生之診費、藥費、報酬及其墊款，依第127條第4款規定，因2年間不行使而消滅。

不錯，有抓到重點與寫法。接著要想什麼？

這2年間要從何時開始起算嗎？

很好喔！消滅時效，自請求權可行使時起算，第128條前段有明文規定。

所以醫療費、住院費、伙食費應該都是出院的時候開始起算，所以是從99年10月15日開始起算2年，也就是101年10月15日。

題目上有說「乙醫院有催告甲應於
99年11月1日前繳納」，依題意應該
是99年10月15日請求。

所以發生時效中斷的效力？

接著要寫到不中斷。

時效因請求而中斷者，若於請求後6個月內不
起訴，視為不中斷（第130條）。
乙醫院乃於102年5月1日向法院起訴，早已
超過請求後6個月，所以視為不中斷，因此仍
是101年10月15日。

很好，所以下個結論吧！

乙醫院乃於102年5月1日向法院起訴，因2年間不行使
而消滅，民法第127條有規定。惟此規定所謂之消滅，
並非完全消滅不存在，其依舊得向債務人請求之。債務
人得依民法第144條第1項規定，於時效完成後，得拒
絕給付。換言之，得主張「時效抗辯」。
因此甲之主張為有理由。

那整合討論內容，寫一下吧！

好的！！

➡ 擬答

一、醫療費用之消滅時效

（一）醫生、藥師、看護生之診費、藥費，報酬及其墊款，依第
　　　127條第4款之規定，因2年間不行使而消滅。

　　1.所謂醫生之診費、藥費及報酬，應指日常生活中，醫病間
　　　頻繁之診療關係所生之診療費用或報酬而言。」（93年度
　　　台上2386裁定）

　　2.所稱醫生墊款，泛指診費、藥費以外與醫生執行醫療業務
　　　相關，而通常由醫院代為墊付之一切款項而言，包括供給
　　　病患及看護家屬伙食之支出費用。（王澤鑑，第565頁，
　　　2002/01）

　　3.住院費部分，實務見解肯定第127條第4款規定包括「住
　　　院費用」醫療費（88年上更（一）字第176號）。

（二）綜上，甲於99年10月1日因病至乙醫院住院診治，於同年
　　　月15日共積欠新臺幣（下同）10萬元、住院費3萬元及住
　　　院期間甲暨其看護家屬之伙食費3千元，請求權時效為2
　　　年。又因醫療行為已於99年10月15日完成，是乙醫院之
　　　請求權應自99年10月15日起算，如逾101年10月15日仍
　　　不行使該請求權者，該請求權則罹於消滅時效甚明。

二、時效中斷與不中斷

（一）依民法第129條第1項第1款事由，消滅時效因請求而中
　　　斷。同法第130條規定，若於請求後6個月內不起訴，視
　　　為不中斷。

（二）乙醫院雖於99年10月間催告甲應於99年11月1日前清
　　　償，惟乙醫院並未於請求後6個月內起訴，則依前開規
　　　定，消滅時效不因請求而中斷。是以，乙醫院遲至102年
　　　5月1日始向法院起訴，顯見該請求權已罹於消滅時效。

三、結論

　　　甲之時效抗辯應有理由。

不錯喔！打鐵要趁熱，再來一題有關「時效不完成」的考題吧！

甲男乙女為夫妻，某日甲乙吵架，甲竟將乙打成遍體鱗傷。3年後，甲乙兩願離婚。離婚後乙立即向甲請求賠償因傷所生之損害。試問乙之請求有無理由？甲可否拒絕賠償？

【101高考財稅-民法】

這一題是討論侵權行為的短期消滅時效，剛剛翻了一下法典，依第197條第1項規定：「因侵權行為所生之損害賠償請求權，自請求權人知有損害及賠償義務人時起，2年間不行使而消滅，自有侵權行為時起，逾10年者亦同。」
會不會超過民法總則的範圍呢？

從形式上確實是超過，但因為也算是民法總則中有關消滅時效的部分，還是可以拿來練習一下。

所以這題本來早就超過2年的時效期間，本來相對人可以主張時效抗辯，可是牽涉到夫妻的部分，這讓我想起妻子是（3），第143條的時效不完成。
夫對於妻或妻對於夫之權利，依第143條規定，於婚姻關係消滅後1年內，其時效不完成。

第143條規定，主要是因為夫妻關係存續中，往往礙於情面，很多權利並不是那麼好主張，所以等到婚姻關係消滅後，再讓原本的時效延長1年的時間，讓當事人有充分的時間思考，並提供機會來主張權利。

消滅時效不完成，是指「時效期間將近完成之際」，卻有不能或難於行使權利的事由存在。

所以，妻對於夫的侵權行為損害賠償請求權，在2年時效將屆之際，其夫妻關係依舊存在，所以在婚姻關係消滅後1年內，仍得主張時效不完成。

那我瞭解了。

甲向乙無息借款新臺幣（下同）900萬元，清償日為民國（下同）93年4月30日，惟甲屆期並未返還借款。乙為保全上述借款債權，先於93年5月8日向法院就甲名下財產聲請假扣押裁定獲准，再於同年月16日持法院上述裁定聲請對甲之財產為假扣押強制執行、執行查封完成。嗣乙於108年5月13日訴請甲清償借款，甲旋提出消滅時效之抗辯並拒絕返還借款。對此，乙聲稱本件為消滅時效中斷之情形，自無罹於時效可言；縱令時效中斷之事由終止，其請求權亦未罹於時效等語。問誰的主張有理？

【108高考-民法總則與刑法總則】

➡ 擬答

一、乙與甲之借款關係是否符合民法第125條罹於時效

（一）依據民法第125條本文規定，請求權，因15年間不行使而消滅。本題中，故乙之請求權應自93年4月30日起算，因15年間不行使，即罹於時效消滅。

（二）有無時效中斷？

1. 依據民法第129條規定，開始執行行為或聲請強制執行，依據民法第129條第2項之規定，與起訴生同一之效力，為請求權時效中斷事項之一。

2. 最高法院103年度第二次民事庭會議表示，消滅時效因假扣押強制執行而中斷者，於法院實施假扣押之執行程序，例如查封、通知登記機關為查封登記、強制管理、對於假扣押之動產實施緊急換價提存其價金、提存執行假扣押所收取之金錢（強制執行法第133條前段）等行為完成時，其中斷事由終止，時效重行起算。

3. 有無時效不中斷之適用：並無民法第136條撤銷執行處分、撤回聲請、聲請駁回等情況。

4. 本題中，93年5月8日向法院就甲名下財產聲請假扣押裁定獲准，再於同年月16日持法院上述裁定聲請對甲之財產為假扣押強制執行、執行查封完成，自屬時效中斷，依民法第137條規定，時效中斷者，自中斷之事由終止時，重行起算；故應自93年5月16日時效中斷後重行起算，於15年後即108年5月16日罹於時效。

二、乙於108年5月13日訴請甲清償借款，並未罹於時效消滅，乙之主張無理由，甲仍得請求900萬借款之返還。

相關法條	記憶方法
【民法第139條】 時效之期間終止時，因天災或其他不可避之事變，致不能中斷其時效者，自其妨礙事由消滅時起，1月內，其時效不完成。	39，山難很久，或931地震（沒有9月31日，假的）。
【民法第140條】 屬於繼承財產之權利或對於繼承財產之權利，自繼承人確定或管理人選定或破產之宣告時起，6個月內，其時效不完成。	40，死時→繼承。
【民法第141條】 無行為能力人或限制行為能力人之權利，於時效期間終止前6個月內，若無法定代理人者，自其成為行為能力人或其法定代理人就職時起，6個月內，其時效不完成。	延續著140（繼承）的規定，留下小孩子，第141、142條是有關於「無行為能力」、「限制行為能力人」的規定，或者是「無法」。
【民法第142條】 無行為能力人或限制行為能力人，對於其法定代理人之權利，於代理關係消滅後1年內，其時效不完成。	法定代理人不扶養、不餵食小孩子，小孩感覺餓了（2的諧音）；或者是「對法」，搭配第141條「無法」、「對法」。
【民法第143條】 夫對於妻或妻對於夫之權利，於婚姻關係消滅後1年內，其時效不完成。	3可以假想成「胸部」或「胸部+肚子懷孕」，代表「妻」的意思。
【民法第144條】 Ⅰ時效完成後，債務得拒絕給付 Ⅱ請求權已經時效削減……	時效抗辯，益世死，拒絕給付。

民法總則

相關考題

下列何者不是消滅時效中斷事由？ （A）請求 （B）承認 （C）起訴 （D）抗辯 【105四等警察-法學緒論】	（D）

甲於民國100年1月1日出租房屋予乙，為期1個月，約定租金為新臺幣1萬元，於租賃期間屆滿時支付之，乙於租賃期間屆滿時，未支付租金，關於雙方消滅時效之計算，試附理由回答下列問題：

一、甲之租金請求權消滅時效起算時點為何？

二、設甲於100年2月5日以存證信函通知乙交付租金，則甲之消滅時效屆滿之日為何？ 【100薦任升官等-民法總則與刑法總則】

甲貸與金錢予乙後，乙非但未於清償期屆至時清償，甚至該債權之消滅時效即將完成。在此之際，乙授予甲代其為管理金錢事務之代理權，甲乃以乙之代理人的地位，以乙之金錢對自己為部分清償。甲代理乙為部分清償之行為有無中斷時效之效力？ 【103高考-民法總則與刑法總則】

重點整理

⊙ 時效不中斷，可以用「3分鐘熱度」、「心太軟」來快速回憶相關的概念。

⊙ 第129條第2項，可以用支解、解告及執行來記憶。

⊙ 時效不完成，在時效期間將近完成，權利人卻發生不能或難於行使權利的障礙事由，這時候法律讓時效暫時不完成，等到障礙事由消滅後，再經過一段時間，時效才算完成。

22 自衛行為

● 學習提要

　　法律學習者學習刑法時，在違法性階段的討論中，正當防衛、緊急避難是很熟悉的部分。民法也有類似規定，分別是正當防衛、緊急避難、自助行為，但因為不是考試的重點所在，且因為條文架構差不多，所以並不需要太特別準備，就可以輕鬆應付。

● 解說園地

一、正當防衛

　　對於現時不法之侵害，為防衛自己或他人之權利所為之行為，不負損害賠償之責。但已逾越必要程度者，仍應負相當賠償之責。（民§149）

> ※**記憶方法**：只要記得緊急避難是第150條的條文，正當防衛少一條，是第149條。

二、緊急避難

　　因避免自己或他人生命、身體、自由或財產上急迫之危險所為之行為，不負損害賠償之責。但以避免危險所必要，並未逾越危險所能致之損害程度者為限。（民§150 I）

　　例如：火災時，消防隊員打破停在消防栓旁的車窗，推倒一台150C.C.的摩托車，以利救火。

※ **記憶方法**：推倒一台150C.C.的摩托車，第150條

三、自助行為

為保護自己權利，對於他人之自由或財產施以拘束、押收或毀損者，不負損害賠償之責。但以不及受法院或其他有關機關援助，並非於其時為之，則請求權不得實行或其實行顯有困難者為限。（民§151）

自助行為，拘束他人自由或押收他人財產者，應即時向法院聲請處理。若聲請被駁回或其聲請遲延者，行為人應負損害賠償之責。（民§152）

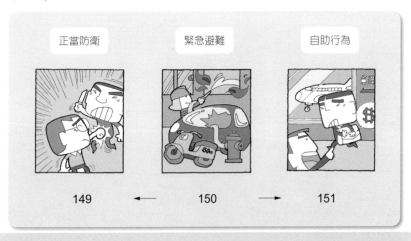

正當防衛	緊急避難	自助行為
149	← 150 →	151

 一開始想要瞭解的是民法的正當防衛與刑法的正當防衛有差異嗎？

當然有，一個是探討民事責任，一個是探討刑事責任。

我覺得自己的問題蠻沒意義的。

也不能這樣子說,在學習民法的這幾個觀念,可以用實例題去思考。

可以介紹幾個實例題嗎?

可以啊!例如很熱門的霸凌,如果有身材高大的學生甲正在欺負弱小的乙,作勢要將其書包從三樓丟到一樓。乙為了避免甲將其書包毀損,遂猛力一撲將其撲倒,導致甲受傷。乙不會成立刑法的傷害罪,也不必為了甲受傷而負民事上的損害賠償責任。

我懂了,感覺跟刑法的思考流程差不多。那什麼是「但已逾越必要程度者,仍應負相當賠償之責?」

再舉一個爭議案件,小偷潛入家中,海軍陸戰隊退伍的男主人將小偷勒斃,民事上可就會防衛過當而負相當的賠償責任。

我記得這個案例,別人入侵我家,勒斃對方還要賠錢,這還有天理嗎?

美國很重視自己的私領域,一槍把侵入自家者轟掉也不會有事情,但是我國就不太一樣,即使在自己家中,還是要注意自己的防衛行為,不能超過一定的程度,或許未來有修正的空間。
其實法官最後判很輕,也不必因為過失致死而入獄。

那個案子還很輕喔，應該無罪吧！

舉一部尼可拉斯‧凱吉所主演的電影「空中監獄」的例子，故事情節是受完海軍陸戰隊訓練的男主角，為了保護懷孕的妻子免於小混混的騷擾，犯下了過失致死罪而被判處10年徒刑，假釋準備回家卻碰到劫持囚犯專機的故事。

過失致死罪，10年，判這麼重喔！

所以雖然我國這起案件發生在家中，但也不必關，法官也不算重判了。失手殺了小偷的當事人很擔心民事賠償責任，像是本條只要負擔「相當」賠償，或者是參考民法第217條「與有過失」的規定，損害之發生或擴大，被害人與有過失者，法院得減輕賠償金額，或免除之。

原來如此。

緊急避難也是一樣，晚上搭乘捷運站最後一班車，突然肚子痛跑去上廁所，上完廁所發現門全部關起來了，但因為背後好像有壞人要打劫，為了跑出捷運站，於是將捷運站的大門毀損。

這好像是電影「噬血地鐵站」的情節。

利用電影學習法律也是不錯的情境法。

那自助行為是什麼呢？

舉個簡單的例子，有人欠你100萬元，現在聽說要搭飛機跑了，你該怎麼辦？

我一定衝到機場把他攔下來。

但這樣子不是妨害自由嗎？

也對！那該怎麼辦？

所以自助行為規定「為保護自己權利，對於他人之自由或財產施以拘束、押收或毀損者，不負損害賠償之責。」你限制債務人的自由，並不需要負擔賠償責任，甚至可以把對方的包包、行李先行押收，過程中若因為拉扯導致衣服毀損，都不必負責。

那我一定先把他衣服扒光！

你好可怕喔！但是拘束他人自由或押收他人財產者，依據民法第152條，應即時向法院聲請處理。

就是假扣押、假處分等程序嗎？

是的，不過因為已經屬於民事訴訟法、強制執行法的部分，在此就不贅述。

相關考題

下列何者，為民法學說上所稱之「帝王條款」？ (A)正當防衛　(B)衡平原則　(C)誠信原則　(D)情事變更 原則　　　　　　　　【102四等地方特考-民法概要】	(C)
下列有關權利行使之敘述，何者錯誤？　(A)行使權利，應依 誠實及信用方法　(B)對於緊急避難行為之防禦，得主張緊急 避難　(C)對於自助行為之防禦，不得主張正當防衛　(D)對 於正當防衛行為之防禦，得主張正當防衛 　　　　　　　　　　　　【101初等一般行政-法學大意】	(D)
對於現時不法之侵害，為防衛自己或他人之權利所為之行為， 稱之為：　(A)正當防衛　(B)緊急避難　(C)自助行為 (D)自救行為　　　　　　【97消防不動產-民法概要】	(A)
有關正當防衛的民法規定或學理，下列敘述何者正確？　(A) 只要有侵害之虞即可實施正當防衛　(B)正當防衛之對象不限 於現時不法之侵害　(C)須為防衛自己或他人之權利及法益 (D)權利人之反擊行為須未逾越必要程度 　　　　　　　　　　　　　【96五等公務-法學大意】	(D)

相關考題

甲為社區保全，一夜，乙入侵社區行竊，尚未得手，即被甲當場逮捕。甲將乙雙手捆綁，以防脫逃，並立即電召警方。警方未抵達之前，甲賞乙兩記耳光，以示告誡。甲出手頗重，乙的面頰因此浮腫。問甲的傷害行為得否主張正當防衛？是否防衛過當？　　　【102身障特考-民法總則與刑法總則】

重點整理

⊙ 雖然出題的機率比較低，但還是整體地看一下，且因為與刑
　法的觀念相近，對於已經學過刑法的同學，應該很好上手。

國家圖書館出版品預行編目資料

圖解民法總則：國家考試的第一本書
錢世傑 著 — 第二版
臺北市：十力文化出版有限公司
2021.11 / 336 頁 / 14.8 ＊ 21.0 公分
ISBN 978-986-06684-3-8（平裝）
1. 民法總則
584.1　　　　　　　　　　　　110017711

國考館	S2108

圖解民法總則／國家考試的第一本書（第二版）

作　　者	錢世傑
責任編輯	吳玉雯
封面設計	陳綺男
插　　畫	劉鑫鋒
美術編輯	劉詠倫

出 版 者	十力文化出版有限公司
發 行 人	劉叔宙
公司地址	11675 台北市文山區萬隆街45-2號
聯絡地址	11699 台北郵政 93-357號信箱
劃撥帳號	50073947
電　　話	(02)2935-2758
網　　址	www.omnibooks.com.tw
電子郵件	omnibooks.co@gmail.com

ISBN　978-986-06684-3-8

出版日期　2021年 11 月 第二版第一刷

定　　價　480元

地址：

姓名：

十力文化出版有限公司　企劃部收

地址：台北郵政 93-357 號信箱

傳真：（02）2935-2758

E-mail：omnibooks.co@gmail.com

讀 者 回 函

　　無論你是誰，都感謝你購買本公司的書籍，如果你能再提供一點點資料和建議，我們不但可以做得更好，而且也不會忘記你的寶貴想法喲！

姓名／　　　　　　　　　　性別／□女□男　　生日／　　　年　　　　月　　　　日
聯絡地址／　　　　　　　　　　　　　　　　連絡電話／
電子郵件／

職業／□學生　　　　□教師　　　　□內勤職員　　□家庭主婦　　□家庭主夫
　　　□在家上班族　□企業主管　　□負責人　　　□服務業　　　□製造業
　　　□醫療護理　　□軍警　　　　□資訊業　　　□業務銷售　　□以上皆是
　　　□以上皆非　　□請你猜猜看
　　　□其他：

你為何知道這本書以及它是如何到你手上的？
　　請先填書名：
　　□逛書店看到　　□廣播有介紹　　□聽到別人說　　□書店海報推薦
　　□出版社推銷　　□網路書店有打折　□專程去買的　　□朋友送的　　□撿到的

你為什麼買這本書？
　　□超便宜　　　□贈品很不錯　　□我是有為青年　　□我熱愛知識　　□內容好感人
　　□作者我認識　□我家就是圖書館　□以上皆是　　　　□以上皆非
　　其他好理由：

哪類書籍你買的機率最高？
　　□哲學　　　　□心理學　　　□語言學　　　□分類學　　　□行為學
　　□宗教　　　　□法律　　　　□人際關係　　□自我成長　　□靈修
　　□型態學　　　□大眾文學　　□小眾文學　　□財務管理　　□求職
　　□計量分析　　□資訊　　　　□流行雜誌　　□運動　　　　□原住民
　　□散文　　　　□政府公報　　□名人傳記　　□奇聞逸事　　□把哥把妹
　　□醫療保健　　□標本製作　　□小動物飼養　□和賺錢有關　□和花錢有關
　　□自然生態　　□地理天文　　□有圖有文　　□真人真事
　　請你自己寫：